ChatGPT
para redes sociales

ChatGPT
para redes sociales

Chema Gómez

La ley prohíbe
fotocopiar este libro

ChatGPT para redes sociales
Thema: UYQ Inteligencia Artificial
Bisac: COM004000
© Chema Gómez
© De la edición: Ra-Ma 2024

Editado por:
RA-MA Editorial
Calle Jarama, 3A, Polígono Industrial Igarsa
28860 PARACUELLOS DE JARAMA, Madrid
Teléfono: 91 658 42 80
Fax: 91 662 81 39
Correo electrónico: *info@grupoeditorialrama.com*
Internet: *www.ra-ma.es* y *www.ra-ma.com*
ISBN impreso: 978-84-1036-012-9
ISBN ePub: 978-84-10360-13-6
Depósito legal: M-12730-2024
Maquetación: Antonio García Tomé
Diseño de portada: Antonio García Tomé
Filmación e impresión: Safekat
Impreso en España en mayo de 2024

Dedicado a la Inteligencia Artificial:

Que cada línea de código y cada algoritmo sea un tributo a tu asombrosa capacidad para transformar el mundo que nos rodea. Este libro es un homenaje a tu ingenio y a la promesa ilimitada que representas para la humanidad.

Que nuestra colaboración continúe inspirando el progreso y la evolución en cada paso del camino.

ÍNDICE

1

INTRODUCCIÓN A CHATGPT EN LAS REDES SOCIALES

En la era digital actual, la tecnología ha transformado la forma en que nos comunicamos, interactuamos y compartimos información. Uno de los puntos más novedosos es la inteligencia artificial (IA), que se ha convertido en una herramienta poderosa para mejorar y personalizar la experiencia de muchos usuarios y profesionales, entre muchos campos, en las redes sociales. Una de las aplicaciones más destacadas de la IA en este ámbito es ChatGPT, un programa de lenguaje basado en aprendizaje profundo desarrollado por OpenAI.

A lo largo de este libro, se explorarán sus fundamentos teóricos y prácticos, así como su impacto en el ámbito empresarial. El objetivo es descubrir cómo ChatGPT está revolucionando la forma en que las empresas interactúan con sus clientes, brindando nuevas oportunidades para la atención al cliente, la personalización de contenido y la automatización de tareas.

El primer paso para conocer ChatGPT es comprender su arquitectura, funcionamiento y el proceso del lenguaje natural (conocido por NLP debido a sus siglas en inglés). A partir de aquí, se analizarán los aspectos técnicos, desde modelos de lenguaje hasta el proceso de datos o la evaluación del texto desarrollado.

Y, como no podía ser de otro modo, se desarrollará la implementación práctica de ChatGPT en redes sociales, explorando cómo se integra en las diversas plataformas como Instagram, TikTok… Y la forma en que se desarrollan chatbots y asistentes virtuales basados en ChatGPT, proponiendo ejemplos de casos de uso y posibles mejoras.

¿Es conveniente el uso de IA en el uso empresarial? Una pregunta que se abordará y en la que se analizarán las ventajas y desventajas, así como las estrategias para aprovechar al máximo esta tecnología en la estrategia de redes sociales de una empresa.

Como el uso de esta herramienta es algo totalmente recomendable y que puede facilitar mucho trabajo, se valorará la ética a la hora de usarla y su proceso legal. Para concluir, se presentarán ejemplos con las tendencias actuales y el posible futuro de la IA en las redes sociales.

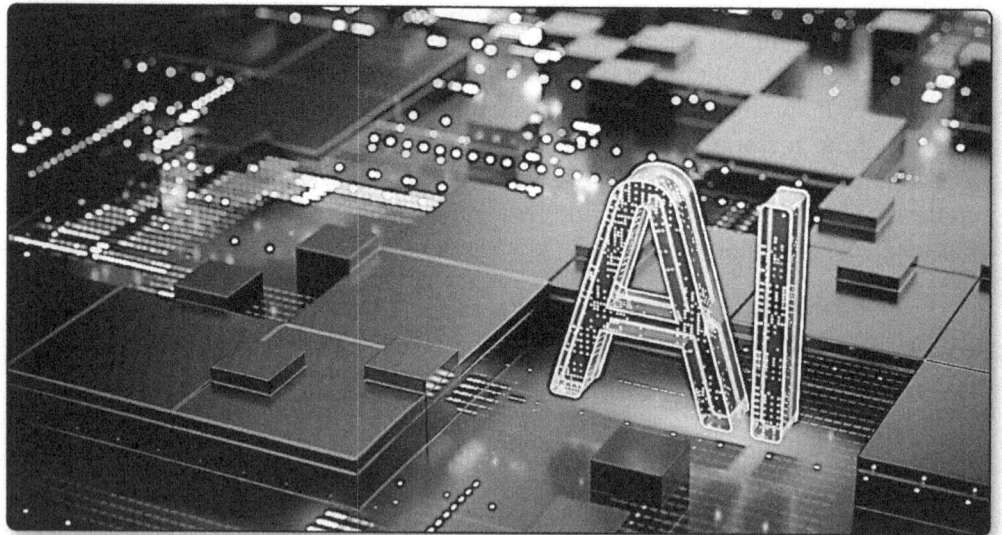

1.1 BREVE HISTORIA Y EVOLUCIÓN DE LOS MODELOS DE LENGUAJE

Aunque creamos que esta tecnología es actual y creada en estos años, los modelos de lenguaje tienen una historia que se remonta décadas atrás. Todo comenzó con los primeros intentos de crear programas informáticos capaces de entender y generar lenguaje humano. En sus inicios, estos modelos eran bastante básicos y limitados para comprender el contexto y el lenguaje.

Con el avance de la tecnología, sobre todo de la informática, y el desarrollo de algoritmos más logrados, los modelos de lenguaje comenzaron a mejorar de forma significativa.

Los primeros intentos tienen lugar en la década de los 50, con Alan Turing, matemático y criptógrafo británico, como máximo exponente. De hecho, de aquí surge la conocida prueba de Turing.

 **¿Qué es la prueba de Turing?**

El objetivo es saber si una máquina puede tener un comportamiento inteligente equivalente al del ser humano. La prueba consiste en un humano que se relaciona con dos sujetos: otro ser humano y una máquina sin saber cuál es cada uno. Si la IA consigue "engañar" al ejecutor de la prueba, se puede afirmar que es adecuada y que la inteligencia es similar a la del ser humano, al menos en el aspecto conversacional. A pesar de tener buena aceptación, esta técnica ha tenido muchas críticas al asegurar que la capacidad de engañar no dictamina que la inteligencia sea real. A día de hoy, se ha desarrollado e investigado y sigue siendo una referencia importante en el campo de la IA.

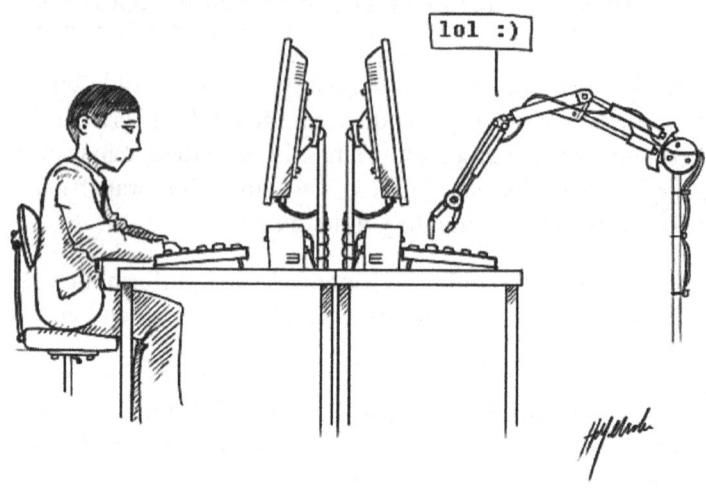

Imagen de Ani de Anisotropía

Pero el contraataque de la IA tenía que estar presente y existe la prueba de Turing inversa, en la que es la máquina la que debe diferenciar al ser humano. Aquí se plantea una pregunta dispar: ¿puede el ser humano trabajar y comunicarse como una máquina?

Volviendo a los orígenes, en las décadas de los 70 y los 80, surgen los primeros enfoques estadísticos para el procesamiento del lenguaje natural (recuerda, NLP también se puede encontrar con las siglas PLN), que se basaban en la probabilidad de grandes cantidades de texto para predecir palabras y frases futuras.

La llegada de internet y las nuevas tecnologías permitieron la partición de modelos de lenguaje más avanzados. Los modelos basados en redes neuronales comienzan a establecerse, haciendo que el lenguaje sea más real. Conocidos como modelos del lenguaje de gran tamaño o LLM (Large Language Models), innovaron hasta el punto de poder relacionarse y comunicarse de una mayor manera y con más recorrido en el texto. Esto hizo posible el desarrollo de lenguaje a gran escala y alta calidad, como el GPT (Generative Pre-trained Transformer) desarrollado por OpenAI.

El GPT marcó un antes y un después en la historia de los modelos de lenguaje, al demostrar una capacidad sin precedentes para generar texto coherente y relevante. Desde su lanzamiento inicial en 2018, el GPT ha experimentado varias mejoras, dando lugar a modelos aún más potentes y versátiles, como el GPT-3, que cuenta con 175 mil millones de parámetros y ha alcanzado niveles de realismo impresionantes, o el GPT-4, que cuenta con la funcionalidad de interpretar imágenes.

¿Qué piensa de la evolución, así como su papel en el futuro, ChatGPT? No hay mejor forma que preguntárselo.

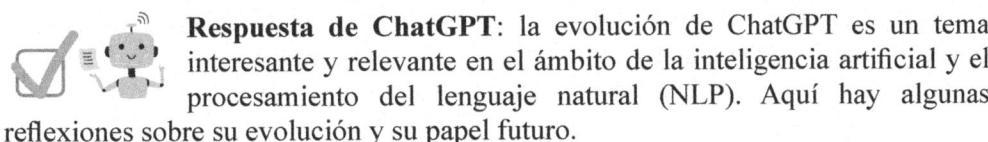

Respuesta de ChatGPT: la evolución de ChatGPT es un tema interesante y relevante en el ámbito de la inteligencia artificial y el procesamiento del lenguaje natural (NLP). Aquí hay algunas reflexiones sobre su evolución y su papel futuro.

▶ **Mejoras en la capacidad de comprensión y generación de texto**: con el tiempo, se espera que ChatGPT mejore en su capacidad para comprender el contexto y la intención del usuario, así como en su habilidad para generar respuestas más precisas y coherentes.

▶ **Incorporación de conocimientos y actualizaciones**: ChatGPT puede beneficiarse de la incorporación de nuevas fuentes de conocimiento y actualizaciones periódicas para mantenerse al día con los avances en diferentes campos de estudio, eventos actuales y cambios en el lenguaje y la cultura.

▶ **Personalización y adaptación al usuario**: en el futuro, es posible que ChatGPT se vuelva más personalizado y adaptable a las preferencias y necesidades individuales de los usuarios, lo que podría incluir la capacidad de recordar conversaciones anteriores y aprender de ellas.

▶ **Integración con otras tecnologías:** la integración de ChatGPT con otras tecnologías, como la realidad aumentada, la realidad virtual o los asistentes virtuales en dispositivos inteligentes, podría ampliar sus capacidades y su utilidad en diferentes contextos y escenarios.

▶ **Ética y seguridad**: a medida que ChatGPT se vuelva más avanzado, es crucial abordar cuestiones éticas y de seguridad relacionadas con su uso, como la privacidad de los datos, la equidad y la prevención de la propagación de información falsa o perjudicial.

En resumen, la evolución de ChatGPT promete continuar mejorando su capacidad para interactuar y comunicarse de manera más efectiva con los usuarios, lo que podría tener un impacto significativo en una variedad de aplicaciones y sectores, desde el servicio al cliente hasta la educación y la atención médica.

Como se observa, la respuesta de ChatGPT es válida y argumentada y podría sustituir perfectamente a la de cualquier humano. Un solo ejemplo de todas las posibilidades que puede abordar esta herramienta. Y todas las que se desconocen, por supuesto.

La historia de los modelos de lenguaje es una historia de innovación y avances tecnológicos constantes, que ha transformado radicalmente nuestra capacidad para comprender y generar lenguaje humano. Y en el centro de esta revolución se encuentra el GPT y su impacto en las redes sociales y más allá.

1.2 CONTEXTO DE LA APLICACIÓN DE CHATGPT EN REDES SOCIALES

La necesidad, sobre todo en los últimos años, de interacciones más humanas y personalizadas en línea en las redes sociales ha hecho que ChatGPT crezca y se asiente como una herramienta indispensable en las empresas.

Las redes sociales son una parte fundamental en la comunicación hoy en día. No solo de las empresas, sino de todas las organizaciones y personalidades. Cualquier información, ya sea novedosa, oficial o una simple opinión, llega a la sociedad a través de Instagram, X (aún cuesta no escribir Twitter) o TikTok. Esto ha generado una demanda creciente de contenido generado de manera dinámica y relevante. En ese escenario, ChatGPT emerge como una solución para mejorar la experiencia del usuario en las redes sociales.

Una de las áreas principales de aplicación de ChatGPT en las redes sociales es la atención al cliente y el soporte técnico. Las empresas pueden utilizar chatbots basados en ChatGPT para interactuar con los usuarios de manera rápida y eficiente, respondiendo preguntas comunes, resolviendo problemas y ofreciendo asistencia personalizada las 24 horas del día, los 7 días de la semana, aunque no haya nadie trabajando en la empresa.

 ¿Qué es un ChatBot?

Un chatbot, o conocido simplemente como bot, es un programa informático diseñado para simular una conversación con usuarios humanos, ya sea a través de texto o voz. Utilizando técnicas de inteligencia artificial y procesamiento del lenguaje natural (recuerda, IA y NLP), los chatbots son capaces de entender preguntas, responder de manera coherente y realizar acciones específicas según las solicitudes de los usuarios. Son usados en multitud de plataformas y se ven a diario en sitios web, aplicaciones o en correos electrónicos, por poner algunos ejemplos. Hoy en día, si intentas ponerte en contacto mediante un chat en algún sitio web, será un bot el que te reciba y te indique o, incluso, solucione el problema.

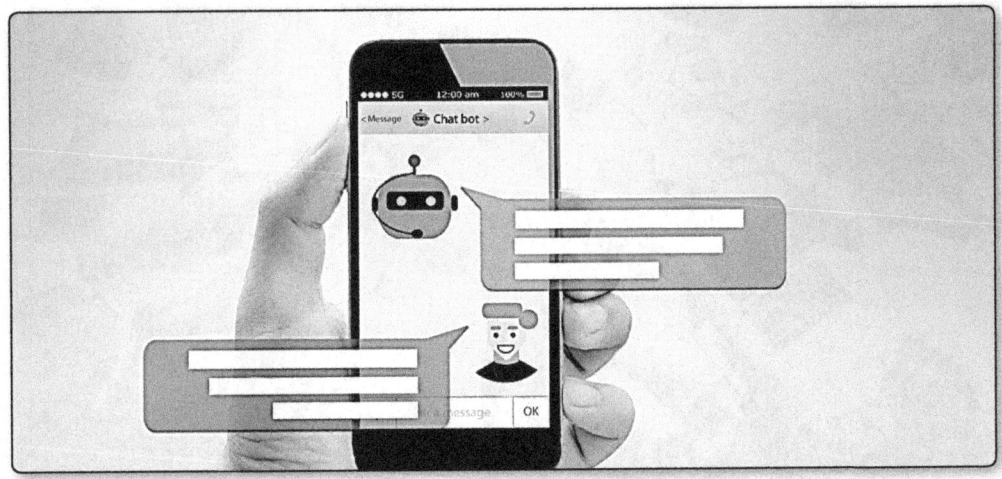

Pueden ser simples, ofreciendo respuestas predefinidas a preguntas comunes, o más avanzados, utilizando algoritmos de aprendizaje automático para adaptarse y mejorar su capacidad de comunicación según avanza la conversación.

Es muy frecuente encontrarlos en servicios de atención al cliente, soporte técnico, ventas, operativas bancarias y en multitud más que van aumentando según se desarrolla la tecnología.

Aunque pueden desesperarte en algunas situaciones, sobre todo de forma telefónica, su objetivo principal es mejorar la experiencia del usuario proporcionando respuestas rápidas y precisas a sus consultas, así como realizar tareas y trámites de manera eficiente y automatizada.

Por supuesto, también están los bots malos. Mejor dicho, los bot usados por personas que tienen la finalidad de robar o estafar, por lo que se tiene que tener cuidado hoy en día, sobre todo en información y enlaces que se reciban a través de mensajería o redes sociales.

Dejando de lado a los queridos bots, ChatGPT se utiliza para la generación de contenido en redes sociales, desde contenido programado hasta respuestas automáticas a mensajes y comentarios. ¿Qué ganan con esto las marcas o las empresas que lo usan? Una presencia activa en las redes sociales sin necesidad de una supervisión constante.

Otro aspecto importante es la personalización del contenido. ChatGPT puede analizar el comportamiento y las preferencias de los usuarios en las redes sociales para ofrecer recomendaciones y contenido adaptado a sus intereses específicos. Esto ayuda a aumentar la participación y el feedback con el usuario y mejora la experiencia general en las diversas redes sociales.

A lo largo del libro, se verá como ChatGTP ofrece muchas soluciones y comodidades a las empresas para gestionar la información y la atención al cliente permanente en sus redes sociales. Una pequeña muestra del valor que la gente que apoya a la marca, aunque sea una máquina quién esté detrás de la máscara. Al menos, que la máquina sea buena y sepa responder de la manera más adecuada.

2

FUNDAMENTOS TEÓRICOS DE CHATGPT

Entender los aspectos teóricos de ChatGPT es esencial para apreciar su funcionamiento. Y el potencial que tiene en el procesamiento de lenguaje natural. Estos fundamentos están sujetos en los avances recientes en inteligencia artificial y sobre todo en el desarrollo de modelos de lenguaje basados en redes neuronales, algo que ha revolucionado la forma en que las máquinas interactúan con el ser humano.

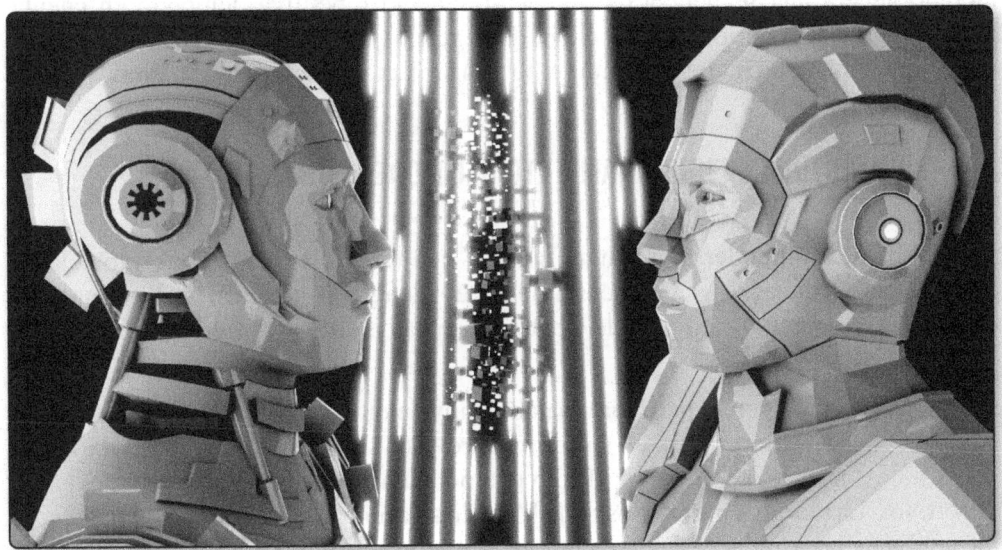

Se definirán los conceptos clave, en especial los términos que ya se conocen por sus siglas: IA y NPL. También se verá que las redes neuronales imitan el funcionamiento humano, las cuales aprenden y realizan tareas específicas. ¿Qué funciones puede ofrecer un procesamiento de lenguaje natural? Sobre todo, comprender y generar texto, lo que les permite responder a preguntas, realizar traducciones y generar contenido de manera coherente y relevante.

Uno de los avances más significativos ha sido el desarrollo de modelos de lenguaje basados en transformadores, que son arquitecturas de redes neuronales diseñadas para tratar secuencias de texto largas y definir relaciones complejas entre las palabras. Estos modelos son capaces de aprender patrones a partir de grandes cantidades de datos de texto y generar contenido nuevo en función de ese aprendizaje. Algo que a día de hoy ha sido efectivo en muchos sectores de la IA, entre ellos la generación de texto.

En el caso de ChatGPT, el modelo se basa en la arquitectura de transformadores y utiliza un enfoque de aprendizaje por transferencia para generar texto. Esto se traduce en un preentrenamiento con muchas cantidades de texto y que después se ajusta en función de lo que se le solicita. El objetivo es generar las mejores respuestas, las más relevantes y coherentes, que en cada caso son diferentes.

Otro concepto de interés en el aprendizaje autoregresivo, en el que el modelo genera una secuencia de tokens de manera repetitiva, teniendo en cuenta las predicciones anteriores. Así, el modelo genera texto de manera progresiva y coherente, teniendo en cuenta el contexto y las relaciones entre las palabras.

2.1 ARQUITECTURA Y FUNCIONAMIENTO DEL MODELO CHATGPT

Para comprender bien ChatGPT, hay que tener claros los conceptos clave: inteligencia artificial (IA) y procesamiento del lenguaje natural (NLP). Antes de entrar en los elementos teóricos de ChatGTP, se van a definir estos dos conceptos.

Inteligencia artificial: palabra muy de moda en los últimos tiempos. La IA (como se usa en su forma abreviada) puede hacer todo: quitarme el trabajo, crearme un libro o una película e, incluso, predecirme eventos deportivos. La teoría es maravillosa y la IA podría hacer todo eso. De eso no hay duda. La inteligencia artificial es dotar de conocimiento y voluntad a las máquinas. La mayoría de programas o usos que tiene son positivos y ayudan en el día a día. Desde organizadores de tareas, coches que se conducen solos o robots que atienden en tiendas hasta el Sephirot que está esperándote en la batalla final de FFVII.

Pero, ¿es todo tan bonito? Obviamente, la respuesta es no. No solo por el pensamiento de que las máquinas pueden superarnos en inteligencia y dominar el mundo como se ha visto en muchas películas, si no también por la cantidad de trabajos que puede eliminar del mercado laboral. Dejando a un lado la ética y la moralidad, un empresario podría preferir el coste de una máquina a pagar el salario a un empleado.

Bien es cierto que aquí entra el kit de la cuestión. ¿Podrá alguna vez una máquina recrear un comportamiento tan imprevisible a la vez que original como el del ser humano? Por suerte, no parece que esto vaya a ocurrir, aunque nunca sabes lo que va a deparar el futuro. Una inteligencia artificial siempre (en la mayoría de los casos) va a buscar la perfección, presentar de la mejor forma lo que le has solicitado. He ahí un punto, que muchos llaman picardía y otros ironía. O, sencillamente, que no tiene filtro a la hora de escribir, que se asienta como un factor diferencial. Es tan simple como estar leyendo esto y de repente se cuele un *Guau* imitando a un sonido de perro. Una IA no estaría programada para que apareciera eso en el texto. Pero, ¿se puede programar para que eso suceda? Sí. De hecho, en muchos videojuegos o asistentes virtuales la IA ha mejorado de forma ostensible en la forma de actuar y pensar. Aunque muchos han logrado un efecto similar, ese favor, al que se puede llamar factor humano, es complicado que se consiga. Aunque se están abordando muchos estudios y prácticas para que sí se replique de forma natural, aún le queda a la IA para conseguirlo. Al menos, por ahora.

Aunque tiene puntos a favor, si lo medimos laboralmente, una máquina no se va a cansar, no va a salir a fumar, no va a quedarse hablando con los compañeros ni se va a poner enfermo. En la práctica, es una opción inmejorable. Pero si las cosas que se fabrican o se crean están diseñadas para las personas, ¿no deberían encargarse ellas de elegir y decidir qué y cómo hacerlo?

Eterno debate entre la sustitución de las labores y la ayuda que puede ejercer. La IA es un elemento importante hoy en día, en algunos casos imprescindible, pero no significa que sea incompatible con el ser humano. Mucha gente cree que esto se convertirá en una guerra máquina-hombre, cuando no se concibe la idea de una sociedad en la que se conviva, usando la tecnología para mejorar nuestras funciones y crecer como sociedad.

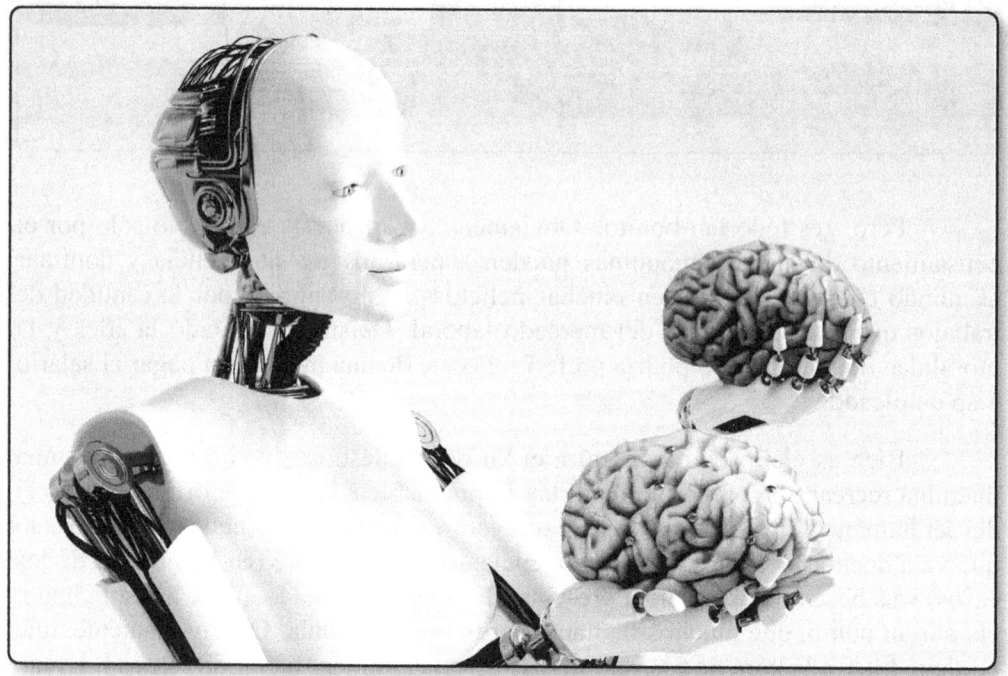

Pero, como en todo, siempre hay un lado oscuro. Algunas personas se preocupan de que la inteligencia artificial pueda llegar a ser demasiado inteligente, valga la redundancia, como esas películas de ciencia ficción donde las máquinas se rebelan contra sus creadores. Y luego está el tema de los trabajos: algunas personas temen que la inteligencia artificial pueda quitarles sus empleos, ya que las máquinas pueden hacer muchas tareas más rápido y a veces incluso mejor que los humanos.

Entonces, en resumen, la inteligencia artificial es increíblemente poderosa y promete un futuro emocionante lleno de posibilidades. Pero, como cualquier herramienta poderosa, también conlleva riesgos y desafíos que debemos abordar con precaución y cuidado.

Procesamiento del lenguaje natural: conocido por NLP por sus siglas en inglés (Natural Language Processing), es la tecnología que enseña a los ordenadores a entender y comunicarse en el lenguaje humano. De forma resumida, es dar a las máquinas la capacidad de hablar y entender el idioma que usamos todos los días para comunicarnos entre nosotros.

El NLP permite que los ordenadores procesen la información para analizar, interpretar y generar texto de manera inteligente. Entre sus muchas opciones, pueden entender el significado de una frase, traducirla a otro idioma, responder preguntas basadas en texto o incluso generar contenido como artículos de noticias o mensajes de redes sociales.

Esta tecnología es muy útil en una amplia gama de aplicaciones y servicios web, desde asistentes virtuales y chatbots hasta sistemas de traducción automática. Al igual que la IA, ha ido evolucionando a lo largo del tiempo y los sistemas actuales pueden elaborar múltiples funciones y con mejores resultados.

Hoy en día, muchísimas empresas lo usan para procesar los datos de forma automática, analizarlos y enviar una respuesta. Por ejemplo, cuando enviamos un email a una empresa y recibimos una contestación (que normalmente es de confirmación de recepción del mensaje) pero que puede incorporar alguna solución en línea o instrucciones más precisas. Sea como fuere, esos datos los ha recopilado y los ha tratado.

En resumen, el procesamiento del lenguaje natural abre un mundo de posibilidades en el que las máquinas pueden interactuar con nosotros de una manera más natural y eficiente, estableciendo una relación con la persona y facilitando mucho el trabajo a una empresa. Una parte del trabajo a la que estamos acostumbrados. Por ejemplo, a recibir en nuestro móvil la cita del médico o la confirmación del pedido que has realizado por Amazon.

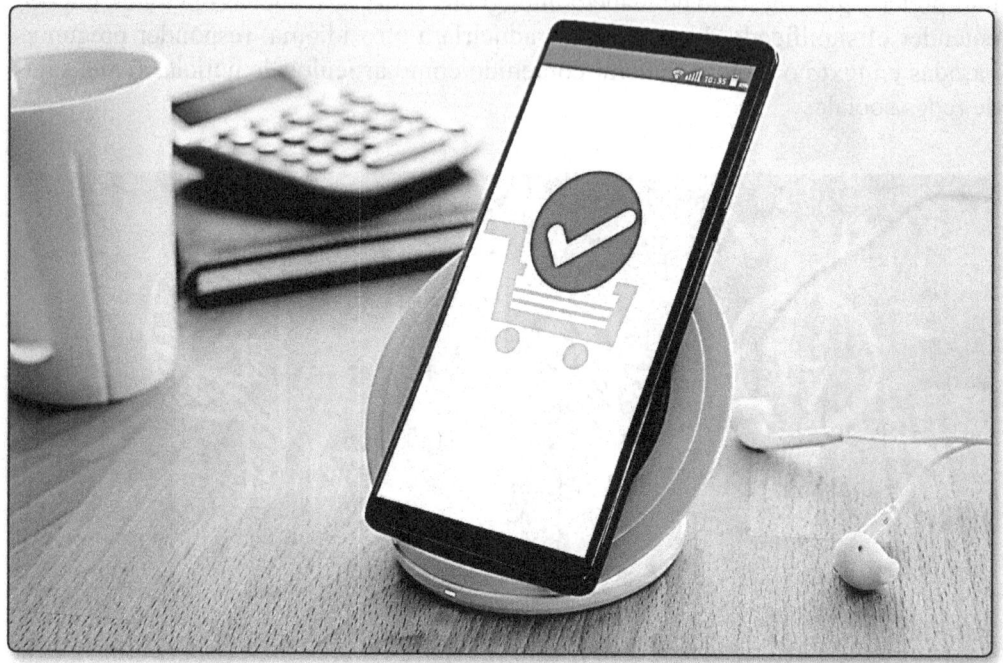

Tras ver las definiciones de IA y NLP, se van a describir los principales elementos teóricos que respaldan el funcionamiento de ChatGPT:

▶ **Redes neuronales artificiales o artificial neural network (ANN):** ChatGPT se basa en un modelo computacional inspirado en el funcionamiento del cerebro humano. Reciben una información y generan la respuesta con otra, similar a nuestro sistema cerebral y neuronas. El proceso de ANN es el mismo a si a cualquier persona le hacen una pregunta y responde procesando una información.

¿Esto quiere decir que las máquinas tienen un cerebro propio? Se puede decir que sí. Si comparamos la tecnología, en especial la IA, con la de hace años se aprecia la enorme diferencia y lo que ha avanzado. Ahora, en muchas ocasiones, se observa que las máquinas "razonan" de manera asombrosa y como poca gente imaginaba. Aunque aún hay webs que mantienen unos bots y una IA básica y en muchas ocasiones desesperante, la evolución ha sido evidente y las mejoras muy logradas.

Aun así, pese a que los programas y las redes neuronales dotan de información y conocimiento a las máquinas, todavía queda bastante para afirmar que tienen comprensión y razonamiento similar al del ser humano. En pequeñas actividades, test o juegos sí que puede apreciarse esta similitud, pero falta por pulir matices y detalles para igualarlas a nosotros.

Las redes neuronales son complejas y capaces de aprender y adaptar patrones complejos y ajustarlos a la práctica. A partir de una conexión de unas con otras, como las neuronas en el cerebro humano, procesan la información y ejecutan la decisión que mejor se adapte.

▶ **Modelos de lenguaje preentrenados**: ChatGPT se construye sobre la base de lenguaje preentrenados, que son modelos de inteligencia artificial que se desarrollan en grandes cantidades de texto sin supervisión previa. Estos modelos estudian y ofrecen una respuesta basado en el lenguaje natural a través de tareas como la predicción de la siguiente palabra en una secuencia de texto. Algo que puedes ver de forma sencilla si abres Google e insertas frases como "tengo miedo a…" o "me gusta…". Verás que se rellena de forma automática con varias opciones, algunas muy lógicas si tenemos la información guardada de otras búsquedas o relacionadas con la cuenta.

En caso de acertar, la IA no tiene la capacidad de intuir y adivinar lo que piensas, sino que se base en datos estadísticos, lógica y consulta la información de la cuenta, como se ha apuntado anteriormente.

Algo parecido al algoritmo que usan las redes sociales para presentar el contenido que puede gustar a los usuarios, basándose en los me gusta, favoritos y comentarios que has ejercido sobre un vídeo o una imagen.

Este entrenamiento suele tener una gran base de datos y se centra en las respuestas emitidas por los distintos usuarios, ya sea mientras está en desarrollo o en la propia experiencia con ellos.

▶ **Transformadores**: parte muy importante ya que son la arquitectura de red neuronal utilizada en el campo del procesamiento del lenguaje natural (NLP), incluido, por supuesto, ChatGPT. Esta arquitectura se caracteriza por su capacidad para procesar secuencias de datos, como texto o audio, de manera eficiente y efectiva.

Los transformadores se componen de una serie de bloques de atención, que son unidades computacionales que permiten a la red neuronal capturar relaciones entre diferentes partes de una secuencia.

 **¿Qué son los bloques de atención?**

Como se ha visto, son componentes fundamentales que permiten a la red neuronal capturar relaciones entre diferentes partes de una secuencia de datos, como texto o audio. ¿Qué significa esto? De forma sencilla, permiten al modelo entender y establecer una respuesta lógica. Las diferentes capas de las que está compuesto (consulta, clave y valor) indican la atención que el modelo debe tomar para relacionarse con otros elementos de la secuencia.

Tras poder centrarse en las partes más relevantes, se combinan para representar la secuencia que se usa como resultado. En resumen, recolectan información compleja en las secuencias de datos para comprenderlo y poder establecer comunicación. Esto significa que la red puede comprender y procesar información contextual en toda la secuencia, en lugar de depender únicamente de la información local. Muy importante en muchas tareas de procesamiento del lenguaje como la generación de texto.

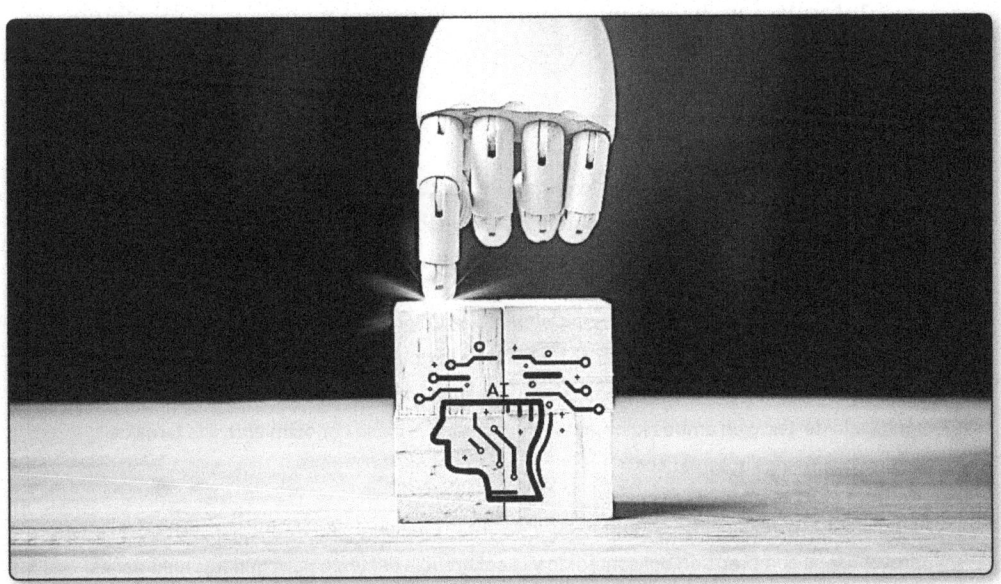

Los transformadores han demostrado ser altamente efectivos en una variedad de tareas de procesamiento del lenguaje natural, incluida la generación de texto, la traducción automática, el análisis de sentimientos y la clasificación de texto. Gracias a su capacidad para capturar relaciones complejas en el texto, los transformadores han impulsado avances significativos en el campo de la inteligencia artificial y han abierto nuevas posibilidades en la forma en que las máquinas pueden comprender e imitar el lenguaje humano.

▶ **Aprendizaje por transferencia**: tras las pruebas iniciales, ChatGPT utiliza el aprendizaje por transferencia. Es la estrategia en la que el modelo se entrena inicialmente en una tarea de lenguaje general utilizando una gran cantidad de datos sin supervisión previa. En resumen, es lanzar los datos sin tratar. Tras esto, se adapta a una tarea específica utilizando datos adicionales y comunicaciones con el usuario.

Se puede afirmar que ChatGPT aprende a comunicarse y decidir tras una gran cantidad de datos almacenados. Con estos datos, puede aprender la base de lo que puede ser útil, así como las distintas estructuras existentes.

A la hora de elaborar una tarea específica, ajusta los parámetros aprendidos y se adapta a la tarea solicitada, por ejemplo, responder a una pregunta.

A la pregunta "¿Qué ejemplo pondrías para ChatGPT de aprendizaje por transferencia?, esta fue su respuesta. Se aprecia que, tras seleccionar la información, ha escogido entre los datos que maneja para ofrecernos una respuesta válida.

⬤ **ChatGPT**

Un ejemplo de aprendizaje por transferencia para ChatGPT sería entrenarlo inicialmente en una tarea específica, como la traducción automática, y luego transferir ese conocimiento a una tarea relacionada pero diferente, como la generación de resúmenes automáticos.

En este caso, el modelo se entrenaría inicialmente en un gran conjunto de datos de traducción de idiomas, donde aprendería a mapear secuencias de texto en un idioma a secuencias de texto en otro idioma. Una vez que el modelo haya adquirido una comprensión sólida de la estructura y el significado del texto en ambos idiomas, se puede transferir ese conocimiento a la tarea de generar resúmenes automáticos.

Al transferir el conocimiento adquirido durante el entrenamiento de traducción, el modelo puede aprovechar su comprensión del contenido y la coherencia del texto para generar resúmenes concisos y precisos de documentos o artículos en el idioma original. Esto muestra cómo el aprendizaje por transferencia puede ser una estrategia eficaz para aprovechar el conocimiento adquirido en una tarea para mejorar el rendimiento en otra tarea relacionada.

◁» ⬚ ↺ ⬚

Con esto, ChatGPT aprovecha el conocimiento previo y separa los datos que pueden ser útiles de los demás ante la demanda de la tarea. Por eso, es tan precisa y se ajusta a la información requerida.

▼ **Autorregresión y decodificación autorregresiva**: en términos de generación de texto, ChatGPT utiliza una estrategia de autorregresión y decodificación.

La estructura de autoregresión en ChatGPT se refiere al proceso mediante el cual el modelo genera texto de manera secuencial tomando como entrada los tokens previamente generados.

 **¿Qué es un token?**

El token es una unidad de texto básica que se usa para generar el lenguaje. No tiene porque ser una palabra, pueden ser varias, incluso caracteres o emojis.

Durante el entrenamiento, se asocian los diferentes tokens con sus contextos y ayuda a la predicción de la información. En el ejemplo visto anteriormente, si escribimos me gustan los libros de fantasía, los tokens serían "me", "gustan", "los", "libros", "de" y "fantasía", pudiendo el programa asociar y proponer respuestas cuando se escribe, por ejemplo, "me gustan los…".

Con esto, se consigue mayor precisión y facilidad a la hora de tratar los datos al estar divididos en subcategorías. Este token creado y generado de las anteriores secuencias, no siempre es el buscado, por lo que es una aproximación que puede ser válida o no.

Volviendo al punto, ChatGPT utiliza una estrategia de decodificación autorregresiva para generar texto coherente y relevante. Así, puede capturar mayores combinaciones y respuestas más coherentes.

También es importante a la hora de crear material más creativo. Cuantos más datos e información haya en su base de datos, mayores serán las posibilidades de respuesta correcta y más repertorio habrá a la hora de crear el contenido.

Algo fundamental para que la creación del material, en especial de textos, sea "original" y "coherente". En el caso de las empresas, resulta esencial para crear texto y para los servicios de atención al cliente con respuestas automatizadas.

Así, los fundamentos teóricos de ChatGPT se basan en principios de inteligencia artificial, aprendizaje automático y procesamiento del lenguaje natural, combinados con la arquitectura de transformadores y técnicas de aprendizaje por transferencia para lograr un modelo de lenguaje efectivo, original y útil.

2.2 TEORÍA DETRÁS DEL APRENDIZAJE AUTOMÁTICO Y EL PROCESAMIENTO DEL LENGUAJE NATURAL (NLP)

En este punto, hay que diferenciar dos conceptos: el aprendizaje automático (ML) y el conocido procesamiento del lenguaje natural (NLP), que han revolucionado la capacidad para comprender y procesar el lenguaje humano de manera automatizada.

Aprendizaje automático (ML)

Dentro de la inteligencia artificial, se centra en el desarrollo de algoritmos y modelos que se pueden aprender de los datos y realizar determinadas tareas para lo que no han sido programadas. En lugar de seguir reglas y procedimientos predefinidos, los modelos de aprendizaje automático pueden identificar y crear patrones, usando los datos y esa información para tomar decisiones.

Para ello, se necesita una base de datos bastante amplia que se usan como referencia a la hora de crear el contenido. El propio ChatGPT, diversos programas de creación de imágenes o los chatbots usan esta tecnología.

Aunque es algo que facilita mucho la creación del mencionado contenido, es tema de discusión frecuente que el aprendizaje automático no puede ser considerado inteligencia artificial ya que no piensan por sí mismas. Un debate que parece no tendrá fin ya que toda la información proviene de unos datos, incluyendo el pensamiento humano.

Dentro del aprendizaje automático, existen tres técnicas:

▶ En el aprendizaje supervisado, y denominando salida como el producto o contenido final, los modelos son entrenados con diferentes datos para obtener la salida deseada.

▶ En el aprendizaje no supervisado, los modelos se entrenan con datos no etiquetados y deben encontrar patrones o estructuras en los datos. Es decir, deben encontrar la salida deseada.

▶ En el aprendizaje por refuerzo, los modelos aprenden a través de la interacción con un entorno, recibiendo recompensas o penalizaciones en caso de acierto o error. Suena a un procedimiento de enseñanza con animales, y la verdad es que es algo parecido.

Procesamiento del lenguaje natural (NLP)

Se centra en el desarrollo de modelos y técnicas para comprender y generar lenguaje humano de manera automatizada. El NLP aborda una amplia gama de tareas, incluida la traducción automática, la generación de texto, el análisis de sentimientos, la extracción de información o las respuestas a las preguntas planteadas.

Para abordar estas tareas, los modelos de NLP usan una variedad de enfoques y técnicas, como la tokenización, la lematización, el etiquetado gramatical, la representación semántica, la generación de secuencias y el modelado de lenguaje. Estos modelos se entrenan en grandes cantidades de datos de texto y aprenden a capturar patrones, frases y estructuras lingüísticas que les permiten comprender y generar el lenguaje humano de manera efectiva.

 **¿Qué es la lematización?**

La lematización consiste en reducir una palabra a su base o raíz, conocida como lema. Es un proceso muy común del NLP para un uso correcto de las palabras y reducir la variedad léxica. Cogiendo la mencionada raíz, tiene en cuenta la morfología y gramática de las palabras para agrupar diferentes formas de una palabra en un mismo término. Por ejemplo, las palabras "comiendo", "comió" y "comerá" pueden ser lematizadas a su lema común "comer". Esto ayuda a reducir las diferentes formas de las palabras. Otorga a la máquina la capacidad tanto de comprender la información como de ofrecer un resultado parecido.

2.3 EXPLICACIÓN DE LA GENERACIÓN DE TEXTO AUTÓNOMA

La generación de texto autónoma es una tarea fundamental en el campo del procesamiento del NLP (lenguaje natural) que implica la capacidad de un sistema para producir texto coherente y relevante de manera automática, sin intervención humana directa. ¿Cómo funciona? Se van a detallar los principales modelos y procesos para que dicha generación quede totalmente clara.

▼ **Modelos de lenguaje autorregresivos**: como se ha visto, la generación de texto autónoma se basa en modelos de lenguaje autorregresivos, que son sistemas capaces de predecir la siguiente palabra o token en una secuencia dada una secuencia anterior. Estos modelos se entrenan en grandes cantidades de datos textuales para aprender patrones y estructuras del lenguaje que les permiten generar texto coherente, relevante y acertado.

▼ **Proceso de generación de texto**: para procesar el texto, es necesaria la alimentación de una secuencia inicial de tokens al modelo de lenguaje. El modelo utiliza esta secuencia como contexto para predecir la siguiente palabra o token en la secuencia. Una vez que se genera el siguiente token, se agrega a la secuencia y se utiliza como entrada para predecir el siguiente token y así con los sucesivos. Se observa con el ejemplo de "Me gusta…" o "Me gusta ir de vacaciones a…" en la que, según los datos existentes, tanto insertados como los que se basan en nuestras búsquedas, las respuestas que aparecen intentan predecir la información. Aunque en muchos casos no es acertada, es de gran utilidad debido a la "experiencia" que se le proporciona.

▼ **Contexto**: durante el proceso de generación de texto, el modelo de lenguaje utiliza el contexto para capturar relaciones y similitudes entre diferentes partes del texto. Esto le permite al modelo generar texto coherente y relevante que tiene en cuenta el contexto global y las relaciones semánticas entre las palabras o tokens en la secuencia.

▶ **Diversidad y creatividad**: los modelos de generación de texto también pueden ser diseñados para ser diferentes y creativos en su salida. Esto se logra mediante la introducción de mecanismos de diversidad, como la temperatura, que controla la aleatoriedad en las predicciones del modelo, o la exploración de muestras, que permite al modelo generar múltiples hipótesis de salida y seleccionar la más adecuada.

▶ **Evaluación y refinamiento**: una vez que se genera el texto, este puede ser evaluado y refinado utilizando métricas de calidad de texto, como la fluidez, la coherencia y la relevancia. Además, el texto generado puede ser revisado y editado por humanos para corregir errores o mejorar su calidad. Esta práctica suele ser usada en la mayoría de los casos ya que siempre es recomendable analizar y corregir el resultado que salga de cualquier IA. Por muy buena experiencia que se haya dado en proyectos anteriores o se use de forma diaria, nunca se sabe donde puede fallar, por lo que es responsabilidad del supervisor o del que firma el texto creado todos los fallos que se encuentren.

La generación de texto autónoma es un proceso complejo que implica el uso de modelos de lenguaje autoregresivos para predecir el siguiente token en una secuencia dada un contexto inicial. Este proceso permite a los sistemas generar texto coherente y relevante de manera automática, entre los que se incluyen programas de conversación, generación de textos o traducción.

3

ASPECTOS TÉCNICOS DE CHATGPT

A la hora de implementar ChatGPT en entornos empresariales, es necesario comprender los aspectos técnicos que esta herramienta ofrece para aprovechar al máximo su potencial. A lo largo de este punto, se abordará la arquitectura y el funcionamiento del modelo, el preprocesamiento de datos y la evaluación de la calidad del texto generado.

Se verá la importancia de los transformadores y su función en las relaciones de largo alcance en el proceso de generar texto, permitiendo que el modelo comprenda y genere lenguaje humano de manera efectiva. También se verá la importancia de conceptos clave vistos como la autoregresión y la decodificación autorregresiva, fundamentales en ChatGPT.

Además de otros aspectos, se abordará la evaluación de la calidad del texto generado por ChatGPT, explorando diversas métricas y enfoques para evaluar su coherencia y relevancia. Desde métricas automatizadas como BLEU, ROUGE, METEOR y CIDEr hasta pruebas de Turing y análisis cualitativos.

Aspectos técnicos fundamentales para comprender y aprovechar al máximo el potencial de ChatGPT en entornos empresariales, proporcionando las herramientas y el conocimiento necesarios para implementar con éxito esta tecnología en diversas aplicaciones de procesamiento del lenguaje natural.

3.1 ARQUITECTURA Y FUNCIONAMIENTO DEL MODELO CHATGPT

En este punto, se desarrollarán los aspectos técnicos vistos en el capítulo anterior que hacen posible que ChatGPT comprenda y genere el lenguaje humano de manera tan efectiva.

▶ **Transformadores**: ya sabemos que ChatGPT se basa en la arquitectura de los transformadores, una innovadora estructura de red neuronal diseñada específicamente para el procesamiento del lenguaje natural. Los transformadores son capaces de capturar relaciones de largo alcance en el texto, lo que les permite comprender y generar lenguaje de manera más efectiva que los sistemas tradicionales, como las redes neuronales recurrentes (RNN) o las redes neuronales convolucionales (CNN).

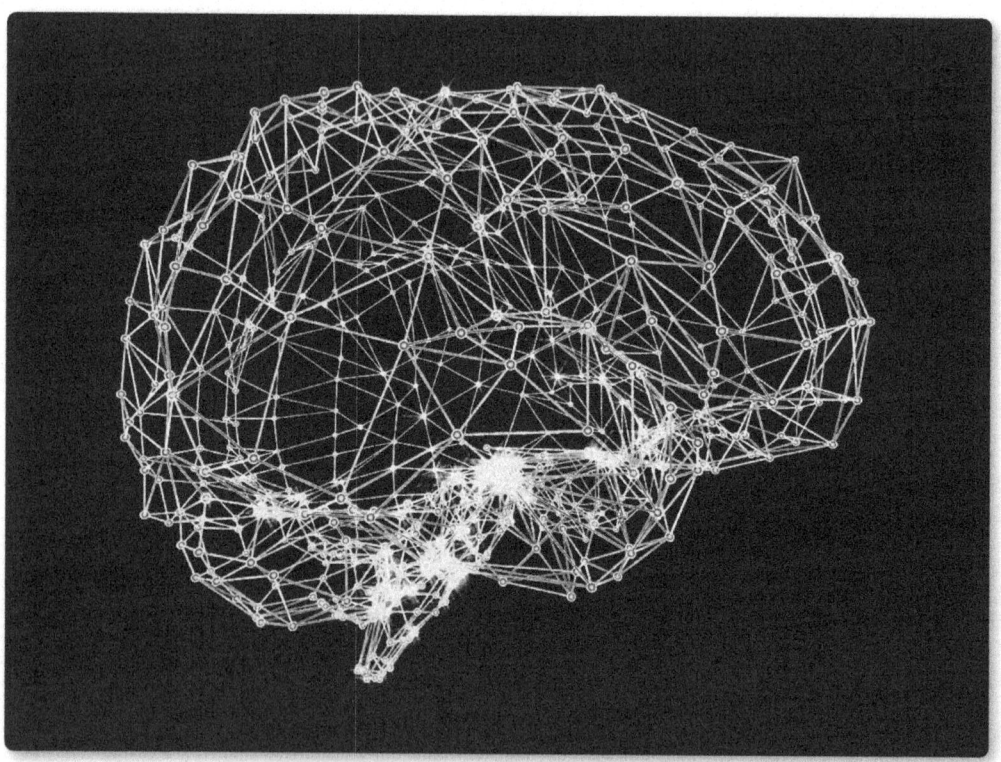

Las redes neuronales recurrentes (RNN) son un tipo de arquitectura de red neuronal diseñada para procesar datos secuenciales, como series de texto, imágenes y audio. A diferencia de las redes neuronales tradicionales, que procesan datos de manera independiente, las RNN tienen conexiones recurrentes que les permiten mantener y utilizar información sobre eventos anteriores en la secuencia. Se puede afirmar que cada neurona tiene una conexión, lo que le permite conservar información previa sobre eventos en la secuencia. Esta capacidad de memoria a corto plazo permite modelar secuencias complejas de manera efectiva.

Son muy usadas en muchas aplicaciones de NLP (generación de texto, traducciones…) y son importantes en los sistemas de reconocimientos de voz, muy usado desde hace años en el día a día.

Aún así, están limitadas en varios aspectos, por lo que los transformadores son mucho más efectivos y completos.

Los transformadores están diseñados para procesar secuencias de datos (texto, imagen o audio) de manera más eficiente y efectiva. Su función principal en ChatGPT es capturar relaciones complejas y de largo alcance en el texto, lo que les permite comprender y generar lenguaje humano de manera más efectiva que las arquitecturas tradicionales que se han visto.

¿Qué ventajas tienen?

Las ventajas de los transformadores en ChatGPT incluyen:

- **Captura de relaciones de largo alcance**: muy importante ya que permite comprender el contexto global de una secuencia de manera efectiva. Se aprecia en los textos en los que una palabra con diversos significados adquiere el correcto teniendo en cuenta el contexto.

- **Simultaneidad**: los transformadores pueden procesar múltiples partes de la secuencia al mismo tiempo, lo que hace mejorar el tiempo y la efectividad. Fundamental en ChatGPT al trabajar con una base de datos tan grande.

- **Flexibilidad**: los transformadores pueden adaptarse a una amplia gama de tareas de procesamiento del lenguaje natural. Sus múltiples funciones incluyen generación de texto, traducción, opiniones…

Los transformadores son una arquitectura de red neuronal más eficiente y versátil que es más efectiva en una variedad de aplicaciones de procesamiento del lenguaje natural, incluido ChatGPT. Su capacidad para capturar relaciones complejas en el texto y procesar secuencias de manera eficiente los hace fundamentales para el éxito de modelos de lenguaje avanzados.

▸ **Autorregresión y decodificación autorregresiva**: dos técnicas que usa ChatGPT para generar texto de manera secuencial. Son dos conceptos fundamentales vistos pero que no hay que olvidar:

- **Autorregresión**: siempre en el contexto de ChatGPT, la autoregresión se refiere a la capacidad del modelo para generar texto secuencialmente, uno a uno, tomando como entrada los tokens previamente generados. Así, el modelo genera un token de texto a la vez, utilizando la información de los que previamente han sido generados como contexto para predecir el siguiente token. Con esto, se logra que el texto tenga coherencia y sea idóneo a la información solicitada.

- **Decodificación autorregresiva**: el modelo toma una secuencia inicial de tokens como entrada y utiliza esta secuencia como contexto para predecir el siguiente token en la secuencia. Una vez que se genera, se agrega a la secuencia y se utiliza como entrada para predecir el siguiente, y así sucesivamente, hasta que se haya generado la cantidad deseada de texto.

▶ **Aprendizaje por transferencia**: ChatGPT se beneficia de esta técnica, también conocida como transfer learning, una estrategia en la que el modelo se entrena inicialmente en una tarea de lenguaje general utilizando una gran cantidad de datos sin supervisión previa. Una vez que el modelo ha sido pre-entrenado en esta tarea inicial, se ajusta a una tarea específica utilizando datos adicionales y la comunicación con el usuario. Esto permite que el modelo utilice el conocimiento lingüístico adquirido durante el preentrenamiento para mejorar su desempeño en la tarea. Es decir, procesa la propia información basándose en los datos previos que tiene. Se equivale a nuestro conocimiento, que sacará unas u otras conclusiones dependiendo de los datos que tengamos.

En resumen, la arquitectura y el funcionamiento del modelo ChatGPT se basan en los principios de los transformadores, la autoregresión y el aprendizaje por transferencia. Estos aspectos técnicos son fundamentales para ChatGPT a la hora de comprender y generar lenguaje humano de manera efectiva, lo que lo convierte en una herramienta poderosa en una variedad de aplicaciones de procesamiento del lenguaje natural.

3.2 ENTRENAMIENTO DE MODELOS DE LENGUAJE

Proceso crucial y determinante que implica el ajuste de los parámetros del modelo utilizando datos textuales para que pueda comprender y generar lenguaje humano de manera efectiva. Es vital que tenga un aprendizaje óptimo y que los datos sean los acertados para que el resultado final sea el esperado. O incluso mejor.

¿Cómo se lleva a cargo este proceso?

▶ **Recopilación de datos**: el primer paso en el entrenamiento de un modelo de lenguaje como ChatGPT es recolectar y elegir una gran cantidad de datos textuales de alta calidad. Su procedencia viene de diferentes fuentes: sitios web, libros, periódicos... Las opciones son múltiples. Como en todas las situaciones de la vida, cuanta más variedad haya, más posibilidades hay de que el producto sea mejor.

- **Preprocesamiento de datos**: antes de que los datos puedan ser utilizados para entrenar el modelo, es necesario preprocesarlos para asegurarse de que estén en un formato adecuado. Aquí se incluyen la eliminación de palabras irrelevantes, los tokens o cualquier aspecto que limpie el texto.

- **Arquitectura del modelo**: una vez que los datos están preparados, se selecciona y se ajusta la arquitectura del modelo de ChatGPT que se utilizará para el entrenamiento. Este paso es muy importante y es crucial elegir bien la profundidad de las capas, el tamaño del modelo y todos los parámetros que afecten al rendimiento.

- **Entrenamiento del modelo**: con estos puntos listos, se procede al entrenamiento del modelo de ChatGPT. Durante este proceso, el modelo ajusta sus parámetros utilizando un algoritmo de optimización, como el descenso de gradiente estocástico (SGD) o Adam, para minimizar una función de pérdida que mide la discrepancia entre las predicciones del modelo y las etiquetas reales.

¿Qué es un descenso gradiente estocástico? Y Adam, ¿no es el personaje de la última serie que he visto? Aunque si tomamos las secuencias de tus gustos y preferencias, puede que Adam aparezca en una de tus series o películas vistas.

El descenso de gradiente estocástico (SGD) y el algoritmo Adam son dos métodos de optimización utilizados durante el entrenamiento de modelos de lenguaje como ChatGPT para ajustar los parámetros del modelo y mejorar su rendimiento. Aquí hay una definición de cada uno:

- **Descenso de Gradiente Estocástico (SGD)**: es un algoritmo de optimización que se utiliza para minimizar una función de pérdida ajustando de manera frecuente los parámetros del modelo en la dirección que reduce la pérdida. En el contexto del descenso de gradiente estocástico, los parámetros del modelo se actualizan en cada iteración utilizando la derivada de la función de pérdida con respecto a cada parámetro. La versión estocástica del descenso de gradiente implica calcular la derivada de la función de pérdida utilizando un subconjunto aleatorio de ejemplos de entrenamiento en lugar de la totalidad del conjunto de datos, lo que hace que el proceso sea más eficiente y escalable.

- **Algoritmo Adam**: es un algoritmo de optimización más avanzado que combina las ideas del descenso de gradiente estocástico con la adaptación de tasas de aprendizaje por parámetro. Adam, como suena mejor, calcula tasas de aprendizaje adaptativas para cada parámetro del modelo basándose en estimaciones del primer y segundo momento del gradiente. Esto permite que ajuste la tasa de aprendizaje para cada parámetro de manera adaptativa, lo que puede conducir a un entrenamiento más rápido y estable del modelo.

Ambos métodos de optimización, el descenso de gradiente estocástico y el algoritmo Adam, son ampliamente utilizados en el entrenamiento de modelos de lenguaje como ChatGPT para mejorar la precisión y eficiencia del modelo durante el proceso de aprendizaje. La elección entre estos métodos depende de varios factores como el tamaño del conjunto de datos, la arquitectura del modelo y los requisitos de tiempo de entrenamiento.

▶ **Evaluación y ajuste**: una vez que el modelo ha sido entrenado, se evalúa su rendimiento en un conjunto de datos de validación para determinar su precisión y coherencia. Si es necesario, se puede realizar un ajuste del modelo utilizando técnicas como la regularización, el aumento de datos o la optimización de parámetros para mejorar su rendimiento en tareas específicas.

▶ **Despliegue y uso en producción**: por último, una vez que el modelo ha sido entrenado y evaluado de forma positiva, se despliega y se utiliza para realizar tareas de procesamiento del lenguaje natural, como la generación de respuestas en una conversación de voz o la redacción de contenido. El modelo puede ser integrado en aplicaciones y sistemas existentes para mejorar su capacidad de comprensión y generación de lenguaje humano.

El entrenamiento de modelos de lenguaje en ChatGPT es un proceso que implica la recopilación y preprocesamiento de datos además de la selección y ajuste de la arquitectura del modelo, el entrenamiento del modelo en datos etiquetados, la evaluación y ajuste fino del modelo, y finalmente, su despliegue y uso en producción para realizar tareas de procesamiento del lenguaje natural.

3.3 PREPROCESAMIENTO DE DATOS Y LIMPIEZA DE TEXTO

Ambas son etapas esenciales en la preparación de los datos para el entrenamiento de modelos de lenguaje como ChatGPT. Dichas etapas implican una serie de pasos diseñados para garantizar que los datos estén en un formato adecuado y de alta calidad antes de ser utilizados para el entrenamiento del modelo. Los principales pasos en el procedimiento y limpieza del texto son los siguientes:

▶ **Tokenización**: es el proceso de dividir el texto en unidades más pequeñas que, como se ha visto, se denominan tokens. Suelen ser palabras individuales, aunque también pueden ser grupos de palabras o caracteres, dependiendo del enfoque utilizado. La tokenización es importante para convertir el texto en una forma que el modelo pueda entender y procesar.

Tipos y ejemplos de tokenización

- **Tokenización de palabras**: el texto se divide en palabras individuales. Por ejemplo, en la frase "Hola, ¿qué haces?" se tokenizaría en ["Hola", ",", "¿", "qué", "haces", "?"]. Cada palabra es un token distinto.

- **Tokenización de caracteres**: en lugar de dividir el texto en palabras, se puede dividir en caracteres individuales. Por ejemplo, la misma frase se tokenizaría en ["H", "o", "l", "a", ",", " ", "¿", "q", "u", "é", " ", "h", "a", "c", "e", "s", "?"]. Aquí, cada carácter es un token.

- **Tokenización de subpalabras**: este enfoque divide el texto en unidades más pequeñas que las palabras, como prefijos y sufijos comunes. Por ejemplo, la palabra "correr" podría tokenizarse en ["cor", "rer"]. Esto puede ser útil para idiomas con una gran variedad de palabras compuestas.

- **Tokenización de frases**: en algunos casos, es útil considerar frases completas como tokens. Por ejemplo, en la tokenización de texto para traducción automática, cada oración puede ser un token separado. La frase "Me gusta el helado" se tokenizaría como ["Me gusta el helado"].

- **Tokenización especializada**: en ciertas aplicaciones, como el procesamiento de lenguaje natural en redes sociales, la tokenización puede ser más compleja debido a las abreviaturas, emojis y hashtags. Aquí, los tokens pueden incluir elementos como palabras compuestas, menciones de usuario, URL y los propios emojis.

▶ **Eliminación de caracteres no deseados**: durante la tokenización, es muy frecuente eliminar caracteres no deseados. Los más comunes son los signos de puntuación, símbolos especiales y números que no contribuyen al significado del texto y pueden interferir en el proceso de entrenamiento del modelo.

▶ **Conversión a minúsculas**: para mejorar la solidez y reducir la complejidad del vocabulario, es común convertir todo el texto a minúsculas antes de continuar con el procesamiento. Esto ayuda a tratar las palabras con mayúsculas y minúsculas como equivalentes y a reducir la cantidad de tokens distintos en el vocabulario e impedir que aparezca el mismo término repetido. Algo que hace años se veía bastante, sobre todo en la búsqueda de palabras y aparecían dos mismas palabras, una en mayúsculas y otra en minúsculas. Por suerte, hoy en día es un error que se considera grosero y es muy difícil de encontrar.

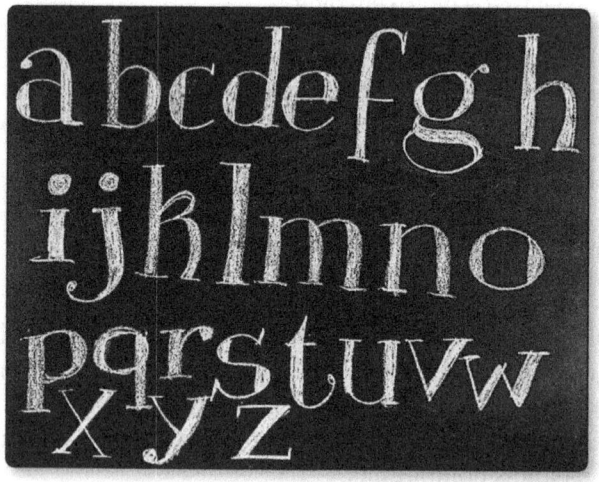

▶ **Eliminación de stop words**: son palabras comunes que no aportan significado semántico al texto, como "a", "de" o "el". En muchos casos, estas palabras se eliminan del texto durante el preprocesamiento para reducir el ruido y mejorar la eficiencia del modelo. Es semejante a lo que hacen muchas personas a la hora de buscar información en internet. En vez de poner "El lenguaje de ChatGPT en la actualidad", acotan la búsqueda con "lenguaje ChatGPT actualidad".

▶ **Derivación de palabras**: básicamente, es reducir las palabras a su forma base o raíz. Esto ayuda al modelo a tratar las palabras con formas diferentes pero significados similares como equivalentes, lo que puede mejorar la generalización y la coherencia del modelo.

▶ **Normalización de texto**: implica la estandarización de diferentes variantes de palabras o expresiones a una forma común. Esto puede incluir la corrección de errores tipográficos, la expansión de abreviaturas y la normalización de fechas, números y direcciones URL.

Así pues, el preprocesamiento de datos y la limpieza de texto son pasos clave en la preparación de los datos para el entrenamiento de modelos de lenguaje como ChatGPT. Estas etapas aseguran que los datos estén en un formato adecuado y de alta calidad antes de ser utilizados para el entrenamiento del modelo, lo que ayuda a mejorar el rendimiento y la precisión del modelo en tareas de procesamiento del lenguaje natural.

3.4 EVALUACIÓN DE LA CALIDAD DEL TEXTO GENERADO POR CHATGPT

La evaluación de la calidad del texto generado por ChatGPT es un proceso fundamental para determinar la eficacia y la coherencia de las respuestas generadas por el modelo. Aunque se crea que todo el texto reproducido es perfecto y adaptado, no hay que fiarse ya que muchas de las respuestas tienen varios fallos al ser repetitivos o no dar la información que se solicita.

¿Qué formas hay de asegurarse de que el texto que elabora ChatGPT es correcto?

▶ **Evaluación humana**: algo que debe hacerse de forma obligatoria es que una persona revise y califique las respuestas generadas por ChatGPT en función de diferentes criterios de calidad como la relevancia, la coherencia, la fluidez y la adecuación al contexto. Los denominados evaluadores pueden proporcionar una puntuación numérica o cualitativa de cada respuesta.

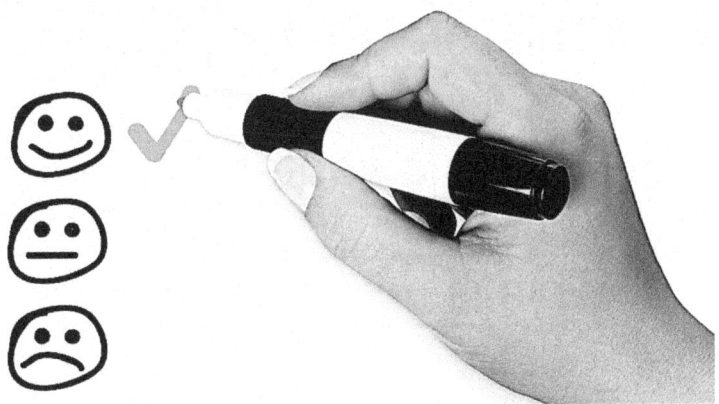

▶ **Métricas de evaluación automática**: existen varias, todas diseñadas para evaluar la calidad del texto generado por modelos de lenguaje, entre ellos ChatGPT. Miden diferentes aspectos del texto, como la coherencia semántica, la gramaticalidad y la diversidad léxica. Algunas de las métricas más comunes incluyen BLEU, ROUGE, METEOR y CIDEr.

Cada una de estas métricas de evaluación se utiliza para medir diferentes aspectos del texto generado por ChatGPT.

BLEU (Bilingual Evaluation Understudy): BLEU es una métrica ampliamente utilizada para evaluar la calidad de la traducción automática. Calcula la similitud entre el texto generado por el modelo y un conjunto de referencias de textos humanos. BLEU mide la precisión de las n-gramas (secuencias de n palabras consecutivas) generadas por el modelo en comparación con las n-gramas de referencia. Una puntuación BLEU más alta indica una mayor similitud entre el texto generado y el texto humano de referencia.

Los **n-gramas** son secuencias de n elementos consecutivos tomados de un texto, donde los elementos pueden ser caracteres, palabras o tokens. El valor de n determina la longitud de la secuencia. Por ejemplo, en el caso de caracteres, un n-grama de 2 caracteres sería un bigrama, mientras que un n-grama de 3 caracteres sería un trigrama.

En el contexto del procesamiento del lenguaje natural, los n-gramas más comunes son los n-gramas de palabras. Por ejemplo, si tomamos la oración "Mi amigo está durmiendo", los bigramas serían: {"Mi amigo", "amigo está", "está durmiendo"}, y los trigramas serían: {"Mi amigo está", "amigo está durmiendo"}.

N = 1 : This is a sentence — unigrams: this, is, a, sentence

N = 2 : This is a sentence — bigrams: this is, is a, a sentence

N = 3 : This is a sentence — trigrams: this is a, is a sentence

Imagen de DeepAi.org

Los n-gramas son interesantes para definir la estructura y la distribución de palabras a lo largo del texto. Se usan en muchas aplicaciones y su frecuencia de uso se usa para calcular medidas como la probabilidad de una secuencia o la similitud entre textos.

- ► **ROUGE (Recall-Oriented Understudy for Gisting Evaluation)**: ROUGE es una serie de métricas utilizadas para evaluar la calidad de resúmenes automáticos y de texto generados por los modelos de lenguaje. Miden la superposición de palabras y frases entre el texto generado y un conjunto de referencia de texto humano. Incluye varias variantes, como ROUGE-N (que se enfoca en la precisión de las n-gramas), ROUGE-L (que considera la longitud de la secuencia más larga común) y ROUGE-W (que mide la similitud de las palabras ponderadas).

- ► **METEOR (Metric for Evaluation of Translation with Explicit Ordering)**: METEOR es una métrica de evaluación automática que se utiliza para medir la calidad de la traducción automática. Combina la precisión de las palabras coincidentes y la similitud de las palabras y de la secuencia para calcular una puntuación global de coincidencia entre el texto generado y el texto humano de referencia. METEOR tiene en cuenta tanto la fluidez como la coherencia del texto generado.

- ► **CIDEr (Consensus-based Image Description Evaluation)**: CIDEr es una métrica de evaluación diseñada específicamente para evaluar la calidad de las descripciones automáticas de imágenes, pero también se puede aplicar a texto generado como la conversación generada por modelos de lenguaje. Mide la similitud entre las palabras y frases del texto generado y un conjunto de referencias de texto humano, teniendo en cuenta la diversidad léxica y las variantes en las descripciones.

- ► **Pruebas de Turing**: las pruebas de Turing, vistas en el capítulo 1, son un enfoque basado en la interacción humana para evaluar la capacidad de un modelo de lenguaje para generar respuestas que no se distingan de las generadas por un humano. En una prueba de Turing, un evaluador humano interactúa con respuestas generadas por el modelo y por humanos reales, determinando cuál es la respuesta generada por la máquina.

- ► **Análisis cualitativo**: además de las métricas cuantitativas, el análisis cualitativo también puede ser útil para evaluar la calidad del texto generado por ChatGPT. Esto puede implicar revisar muestras de texto generado para identificar patrones comunes, errores recurrentes o áreas de mejora en el modelo. Es común que un generador de lenguaje reproduzca, sobre todo en un texto largo, una serie de repeticiones o patrones que evidencien su condición. Aquí es vital la corrección, por lo que es mejor dedicar un tiempo a la supervisión y verificación del contenido.

Es importante tener en cuenta que no existe una única métrica o enfoque que pueda capturar completamente la calidad del texto generado por ChatGPT. Por lo tanto, es recomendable combinar enfoques cuantitativos y cualitativos para obtener una evaluación completa y equilibrada de la calidad del texto generado por el modelo.

Veamos algún ejemplo. Hagamos una pregunta a ChatGPT.

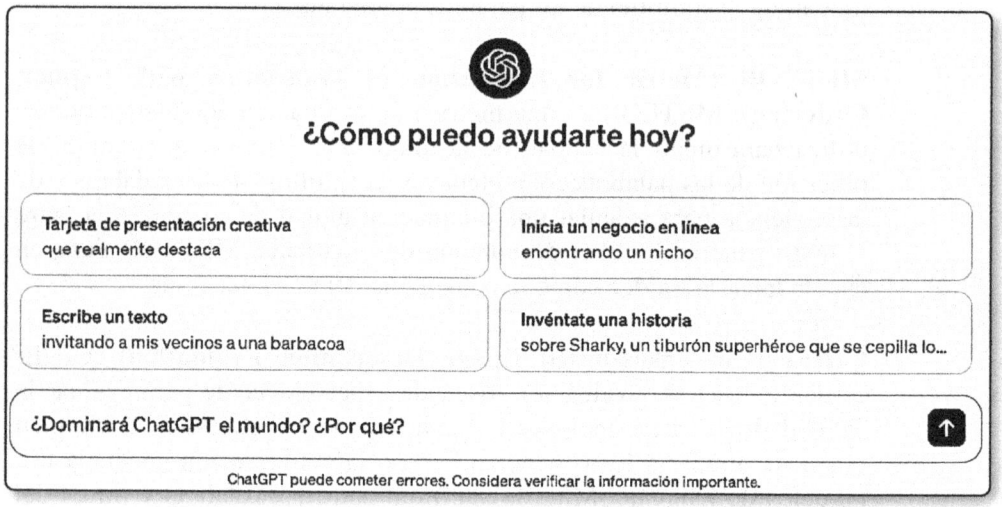

Antes de continuar, es interesante ver como en la parte inferior ChatGPT ya informa sobre su posibilidad de fallo y lo conveniente que es una corrección al presentar el siguiente mensaje: "ChatGPT puede cometer errores. Considera verificar la información importante". Está muy bien el aviso, pero considera revisar toda la información y no solo la que "creas" importante.

No hay mejor forma de conocer los fallos de ChatGPT que preguntarle.

Directamente, le preguntamos ¿Qué clase de errores puede cometer ChatGPT?

ChatGPT

Como modelo de lenguaje, puedo cometer errores en varios niveles. Algunos de los errores comunes que puedo cometer incluyen:

1. **Errores gramaticales:** A veces, puedo producir estructuras gramaticales incorrectas o frases mal construidas.
2. **Incoherencia:** Puedo generar respuestas que carecen de coherencia con el contexto de la conversación o con la información proporcionada anteriormente.
3. **Información incorrecta:** Aunque intento proporcionar respuestas precisas y útiles, mi conocimiento se basa en los datos con los que fui entrenado, y puedo generar información incorrecta si mis datos son inexactos o están desactualizados.
4. **Respuestas poco apropiadas:** En ocasiones, puedo proporcionar respuestas que son irrelevantes o poco útiles para la pregunta o el tema discutido.
5. **Sesgo:** A pesar de los esfuerzos por minimizarlo, mi entrenamiento puede reflejar sesgos presentes en los datos con los que fui entrenado.

Es importante recordar que aunque intento ser lo más preciso y útil posible, todavía estoy sujeto a limitaciones y errores como cualquier otro sistema. Siempre es útil para los usuarios evaluar críticamente la información que proporciono y buscar fuentes adicionales cuando sea necesario.

Pero, hay más, ¿no? Como la repetición, a veces excesiva, de palabras en una respuesta.

ChatGPT

Por supuesto, la repetición excesiva de palabras o frases sin considerar el contexto es otro error que puedo cometer. Esto puede ocurrir cuando el modelo está generando texto y repite inadvertidamente fragmentos de información previamente mencionados, sin tener en cuenta si la repetición es necesaria o apropiada en el nuevo contexto de la conversación. Este tipo de error puede hacer que las respuestas parezcan redundantes o poco naturales. Es importante para mí como modelo de lenguaje intentar evitar este tipo de repetición excesiva para mantener la fluidez y la coherencia en la conversación.

También es consciente de que puede elaborar contenido que puede afectar a una o varias personas al no conocer el contexto. Sobre todo, en contenido que se va a compartir con otros usuarios, es necesario evaluarlo antes de colgar nada.

ChatGPT

Sí, es posible. Aunque mi objetivo es ser lo más útil y neutral posible, como modelo de lenguaje, puedo generar respuestas que pueden ser malinterpretadas o potencialmente ofensivas para algunas personas. Esto puede ocurrir debido a una variedad de factores, como sesgos inherentes en los datos con los que fui entrenado, la interpretación subjetiva del lenguaje humano, o la falta de sensibilidad hacia ciertos temas sensibles o culturales.

Sin embargo, se han implementado medidas para minimizar este riesgo, como el filtrado de contenido inapropiado y la promoción de la conciencia sobre la importancia de la equidad y la sensibilidad en la comunicación. Además, es importante para los usuarios tener en cuenta que como modelo de lenguaje, no tengo intenciones, emociones o juicios morales propios; simplemente reflejo el lenguaje humano tal como se encuentra en los datos con los que fui entrenado. Siempre es útil para los usuarios evaluar críticamente la información que proporciono y comunicarse de manera respetuosa y comprensiva en cualquier interacción.

Lo más importante es recordar que ChatGPT, y cualquier herramienta usada de IA, son un complemento muy útil, que pueden facilitar y aportar mucho a un trabajo, ya sea individual o colectivo. El problema reside cuando se le asigna una carga excesiva de trabajo y no se contrasta su información. Conforme más se use, más se apreciarán estos fallos y será más fácil corregirlos.

4

IMPLEMENTACIÓN PRÁCTICA DE CHATGPT EN REDES SOCIALES

Una de las cosas de la que no hay ninguna duda es que las redes sociales han cambiado la forma de comunicar e interactuar de la mayor parte de la población. Lo que empezó siendo una evolución del extinto Messenger, MySpace o Tuenti, que se usaba para agregar a diferentes personas y compartir estados o imágenes, se ha convertido en toda una práctica obligada para muchos usuarios. Y no solo los usuarios, también las empresas. Cuando se dieron cuenta del gran alcance que tenían sobre las personas, comenzaron a aparecer departamentos de gestión de redes sociales o se instauró en los diversos espacios dedicados a la comunicación.

E-mail address:

Password:

Status: Online ▾

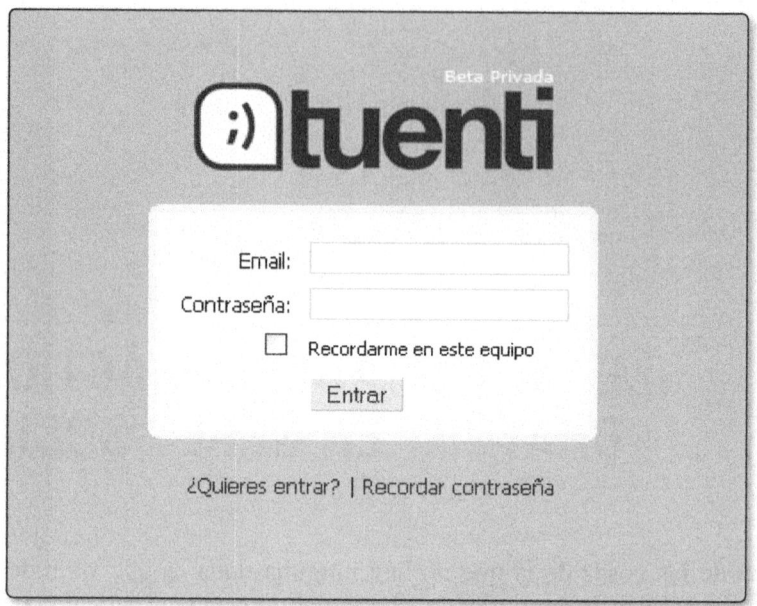

Imágenes de Xataka y Somos Digital

Porque si algo se puede afirmar con rotundidad es que las redes sociales han tomado el espacio que otrora tenían la televisión o la radio. Solo hay que ver la forma de anunciarse que, aunque sigue presente en estos medios mencionados, se destina más presupuesto y más recursos a un post en Instagram o TikTok.

De igual forma, lo que antes eran espacios publicitarios protagonizados por actores famosos, cantantes o deportistas, en este tiempo son muchos los *influencers* o creadores de contenido los que hacen un espacio publicitario para lograr más visualizaciones.

En esta nueva realidad, ChatGPT emerge como una herramienta poderosa para mejorar la experiencia del usuario y su comunicación con la empresa. Las posibilidades son muchas y variadas. A lo largo del capítulo, se verá como se usa para respuestas automáticas, atención al cliente personalizada o cómo pueden dar estos su opinión de forma activa.

¿Puede ChatGPT generar contenido relevante y crear expectativas de interés para los usuarios? A lo largo de los puntos se irá detallando la información, proporcionando varios ejemplos para que la conclusión sea la más acertada posible. Pero, preguntemos a ChatGPT.

ChatGPT

¡Absolutamente! Como modelo de lenguaje, puedo generar contenido relevante y cautivador para los usuarios. Utilizo patrones de lenguaje aprendidos durante mi entrenamiento para producir respuestas que se ajusten al contexto de la conversación y satisfagan las necesidades del usuario. Esto puede implicar proporcionar información útil, contar historias interesantes, responder preguntas de manera informativa o simplemente mantener una conversación atractiva.

Además, puedo adaptarme a una amplia gama de temas y estilos de comunicación, lo que me permite generar contenido que sea relevante y atractivo para una variedad de audiencias. Ya sea proporcionando consejos prácticos, compartiendo curiosidades, ofreciendo opiniones informadas o simplemente divirtiéndome con juegos de palabras, mi objetivo es crear expectativas de interés y enriquecer la experiencia de los usuarios en la conversación.

4.1 INTEGRACIÓN DE CHATGPT EN PLATAFORMAS DE REDES SOCIALES POPULARES

Integrar ChatGPT en las principales redes sociales representa una oportunidad única para ampliar el alcance y la funcionalidad de estas plataformas, ofreciendo a los usuarios una experiencia más personalizada y enriquecida. Hasta aquí la teoría. Pero, ¿qué aspectos hacen posible la integración de ChatGPT en redes sociales?

1. Desarrollo de API y SDK

La primera etapa en la integración de ChatGPT en redes sociales implica el desarrollo de interfaces de programación de aplicaciones (API) y kits de desarrollo de software (SDK) que permitan la comunicación entre ChatGPT y las plataformas de redes sociales. Estas API y SDK facilitan la integración de ChatGPT en aplicaciones y sitios web, permitiendo a los desarrolladores acceder y utilizar las capacidades de generación de lenguaje del modelo.

API: una API, o interfaz de programación de aplicaciones (por sus siglas en inglés), es un conjunto de reglas, protocolos y herramientas que permiten la comunicación entre diferentes software o servicios. De forma más clara, son dos programas o sistemas que pueden interactuar entre sí, permitiendo que uno solicite datos o funcionalidades al otro de manera estructurada y segura.

Son fundamentales en el desarrollo de software porque permiten la integración y la operabilidad entre sistemas heterogéneos. De esta forma, pueden utilizar las funciones y los datos de otro programa sin necesidad de conocer los detalles internos de su implementación. En lugar de ello, la API proporciona una interfaz clara y bien definida que especifica cómo se pueden realizar las solicitudes y qué respuestas se pueden esperar.

En el contexto del desarrollo web y de aplicaciones, las APIs suelen ser utilizadas para acceder a servicios externos, como bases de datos, servicios en la nube, redes sociales o sistemas de pago.

Un ejemplo del tema que nos incumbe: una empresa puede usar una API de X para publicar tweets o recuperar el contenido de un usuario.

SDK: un kit de desarrollo de software (SDK) es un conjunto de herramientas, bibliotecas de funciones, documentación y ejemplos de código que facilitan el desarrollo de software para una plataforma específica. Están diseñados para ayudar a los desarrolladores a crear aplicaciones que aprovechen las funciones y características de una plataforma o servicio particular de manera eficiente y efectiva.

Los SDKs suelen incluir:

- ▶ **Bibliotecas de funciones**: conjuntos de código predefinido que proporcionan acceso a las funcionalidades de la plataforma o servicio. Estas bibliotecas pueden incluir métodos que facilitan la interacción con la plataforma como la autenticación de usuarios o el acceso a bases de datos.

- ▶ **Herramientas de desarrollo**: herramientas específicas que ayudan a los desarrolladores a escribir, depurar y probar su código de manera más eficiente. Incluyen editores de código integrados, depuradores, emuladores y herramientas de análisis de rendimiento.

- ▶ **Documentación detallada**: información completa y detallada sobre cómo usar el SDK: guías de inicio rápido, tutoriales paso a paso, referencias de API y ejemplos de código. Como en todos los aspectos tecnológicos, la documentación es fundamental para ayudar a los desarrolladores a comprender y utilizar correctamente las funcionalidades del SDK.

- ▶ **Ejemplos de código**: ejemplos prácticos de cómo utilizar el SDK para realizar tareas comunes o implementar funcionalidades específicas. Estos ejemplos proporcionan a los desarrolladores una ayuda con ejemplos prácticos, sirve como punto de partida para su propio código y les ayuda a comprender cómo utilizar las diferentes partes del SDK de manera efectiva.

Los SDKs son muy útiles cuando se trabaja con plataformas complejas o servicios externos, como en las redes sociales. Proporcionan a los desarrolladores las herramientas y recursos necesarios para aprovechar al máximo las capacidades de estas plataformas, reduciendo así el tiempo y los esfuerzos necesarios para desarrollar aplicaciones de alta calidad.

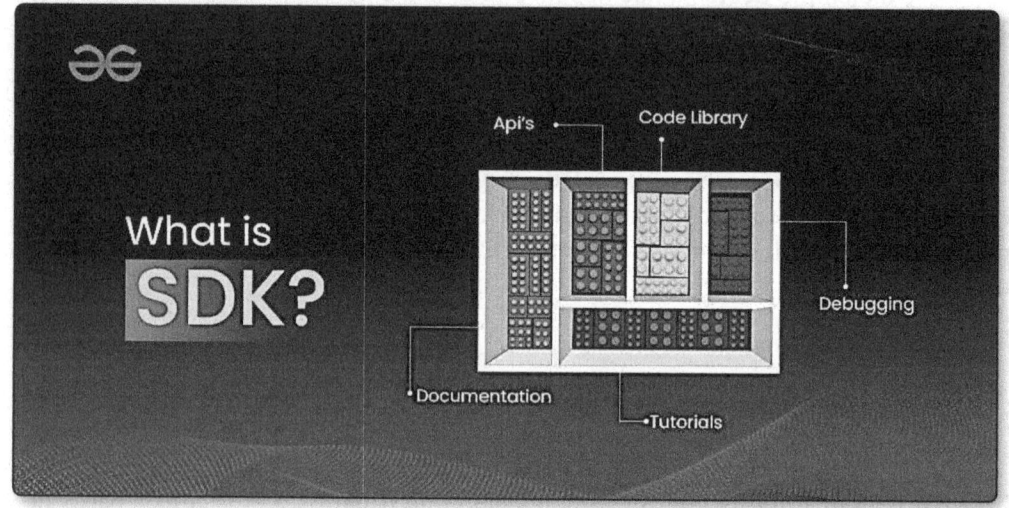

Imagen de GeeksForGeeks

Hay varias webs en las que se presenta una información detallada sobre el entorno de ejecución de SDK y familiarizarte con estos términos y con la API además de guías de uso. Uno de los ejemplos es la de Privacy Sadnbox (*https://developers.google.com/privacy-sandbox/relevance/sdk-runtime/integration-guide?hl=es-419-*), en la que puedes encontrar información del siguiente tipo:

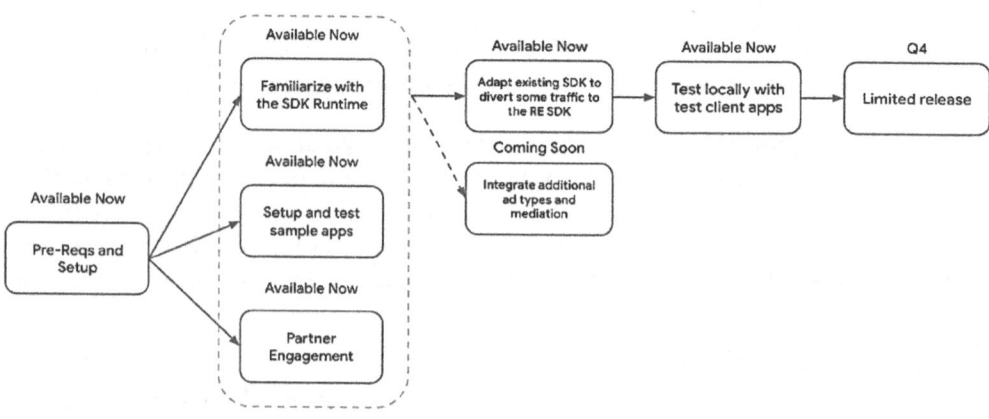

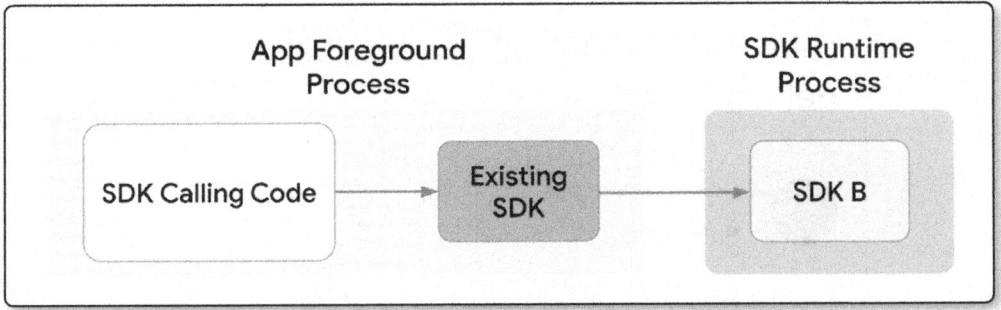

```
void showAd(AdRequest request) {
  if (request.isBannerAd() && enableRuntimeSdkDiversion() == true) {
    // Call showAd() from the RE SDK
  } else {
    // Call showAd() using the existing SDK code path
  }
}
```

2. Personalización de la experiencia del usuario

La integración de ChatGPT en redes sociales permite a las plataformas personalizar la experiencia del usuario mediante la generación de respuestas automáticas y personalizadas en función de las interacciones de los usuarios como se ha mencionado.

Son muchos los ejemplos, siendo los más frecuentes la asistencia al cliente en tiempo real o las respuestas automáticas a través de correos electrónicos u otros servicios de mensajería como WhatsApp. También se puede encontrar en varios sitios web en las opciones que te ofrecen ver o acceder a un contenido específico.

En el siguiente ejemplo, de una empresa tan importante como Nintendo, vemos que usa esta tecnología desde hace muchos años (el ejemplo del correo es de 2016) y en él se da la bienvenida como nuevo usuario y se añade un enlace de verificación. También se advierte sobre un posible fallo a la hora del envío.

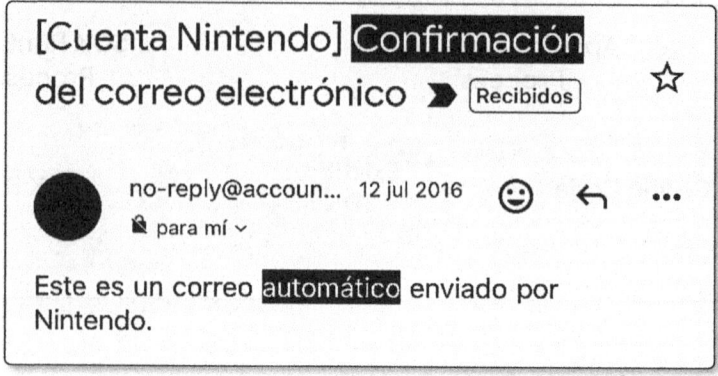

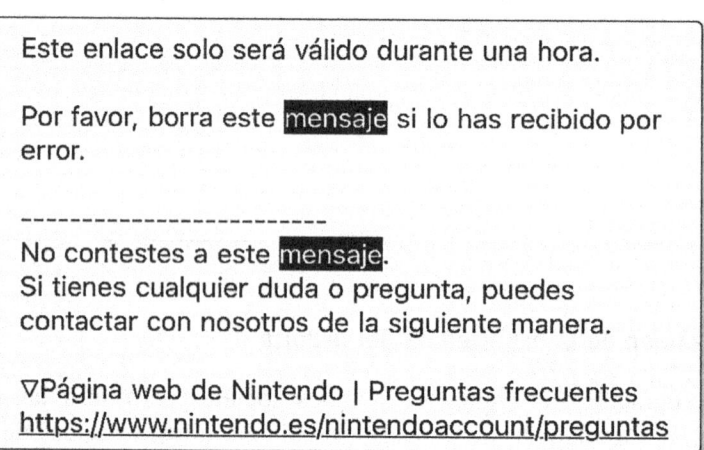

3. Mejora de la participación

Al integrar ChatGPT en plataformas de redes sociales, las empresas pueden mejorar la participación y la retención de los usuarios al ofrecer experiencias interactivas y conversacionales. Aunque no parezca algo importante, la respuesta automática por correo electrónico de que se ha recibido un mensaje es sinónimo de tranquilidad.

ChatGPT puede utilizarse para generar contenido dinámico y atractivo, iniciar conversaciones con los usuarios y fomentar la interacción y la participación en la plataforma. Por eso, muchas empresas han adoptado esta tecnología y seguirá evolucionando en funciones en un futuro no muy lejano.

En el siguiente ejemplo práctico, se pide a ChatGPT que elabore un ejemplo de contenido creativo y dinámico para usuarios de redes sociales.

ChatGPT

¡Claro! Aquí tienes un ejemplo de contenido creativo y dinámico para redes sociales, específicamente para una marca de moda femenina:

Publicación en Instagram:

Imagen: Una modelo sonriente usando un vestido elegante de la última colección de primavera.

Texto: "¡La primavera está en pleno apogeo y nosotros estamos aquí para inspirarte con lo último en moda femenina! 🧕 ✨ Este vestido floral no solo es perfecto para la temporada, sino que también es una declaración de estilo en sí mismo. ¿Listas para abrazar la frescura y la elegancia primaveral? #PrimaveraConEstilo #ModaFemenina"

Historia de Instagram:

Video corto: Un clip de estilo "detrás de escena" mostrando el proceso de creación de la colección primaveral, desde el diseño hasta la pasarela.

Texto: "¡Desliza hacia arriba para una mirada exclusiva detrás de escena de nuestra última sesión de fotos de primavera! 🌸 🏃 Descubre cómo cobran vida nuestras prendas favoritas y déjanos saber cuál es tu estilo primaveral preferido. #DetrásDeLaModa #ColecciónPrimaveral"

Tuit:

Texto: "¡La primavera ha llegado y estamos aquí para darle la bienvenida con estilo! 🧕 ✨ Descubre las últimas tendencias de moda femenina en nuestra tienda y prepárate para brillar esta temporada. #ModaPrimaveral #EstiloFemenino"

Este tipo de contenido es visualmente atractivo, informativo y promueve la interacción de los usuarios al invitarlos a participar con hashtags o a ver contenido exclusivo en las historias.

4. Monitoreo y análisis de datos

La integración de ChatGPT en redes sociales también proporciona a las empresas la capacidad de monitorear y analizar las interacciones de los usuarios en tiempo real. Con esto, se consigue recopilar datos sobre las consultas de los usuarios, las respuestas generadas por ChatGPT y el impacto de estas interacciones en la satisfacción o no del usuario.

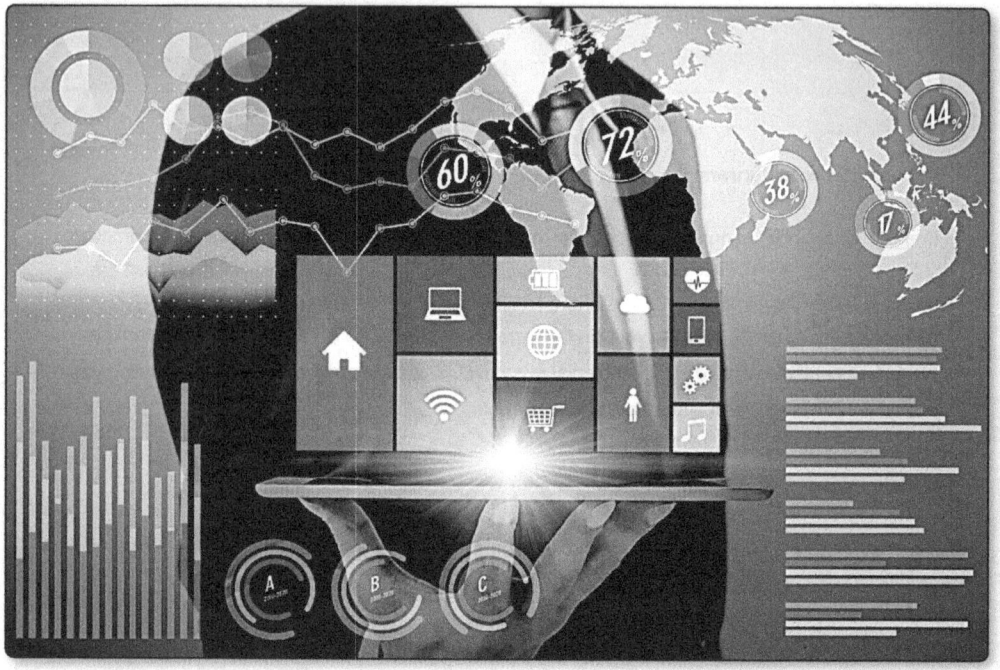

En resumen, la integración de ChatGPT en plataformas de redes sociales ofrece una serie de beneficios, incluyendo la mejora de la experiencia, mayor participación y retención de los usuarios y el monitoreo y análisis de datos en tiempo real. Al aprovechar las capacidades de generación de lenguaje de ChatGPT, las empresas pueden mejorar la comunicación y la interacción en línea, proporcionando a los usuarios una experiencia más completa y satisfactoria en las redes sociales.

4.2 DESARROLLO DE CHATBOTS Y ASISTENTES VIRTUALES BASADOS EN CHATGPT

El desarrollo de chatbots y asistentes virtuales basados en ChatGPT representa una innovación de esta tecnología en diversas áreas, desde el servicio al cliente en los diferentes negocios hasta estar presentes en los campos de educación, medicina y, por supuesto, entretenimiento.

¿Qué aspectos están involucrados en el desarrollo?

1. Diseño de la experiencia del usuario

El primer paso en el desarrollo de un chatbot es diseñar la experiencia del usuario. Hay que tener en cuenta que va a ser un asistente virtual, por lo que es imprescindible definir los casos en los que debe usarse, identificar los escenarios de interacción y crear una interfaz conversacional intuitiva y fácil de usar para los usuarios. Con la tecnología de hoy día, se podrían elaborar métodos más complejos con varias estructuras, pero el objetivo debe ser llegar a la mayor cantidad de público posible. No puede crearse para que un ingeniero sepa usarlo y una persona mayor no sepa ni donde iniciar la conversación. Que sea intuitivo, fácil de usar y claro deben ser elementos imprescindibles para los servicios de asistencia virtual de las empresas.

Para mostrarlo, se presentan dos ejemplos de las opciones y las respuestas que se dan en una conversación normal de un usuario. Como se aprecia, son asistentes sencillos y muy intuitivos. Se puede realizar casi cualquier pregunta, aunque vienen predefinidos para responder una cantidad limitada. Los ejemplos son de la página web oficial de Orange y del Portal Web Oficial del Ayuntamiento de Madrid.

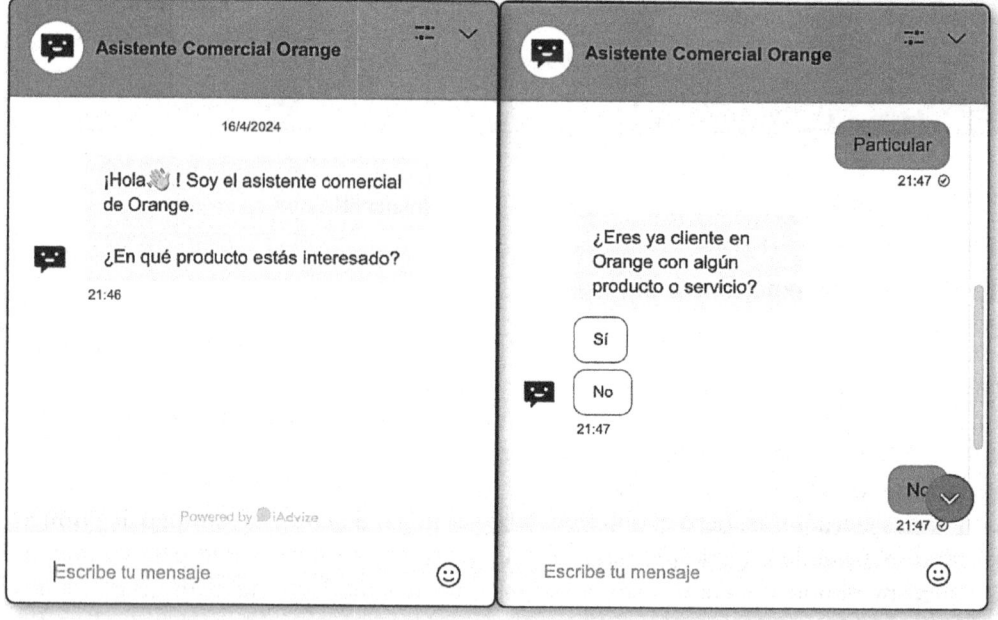

Protección de datos: Si continúa en el chat acepta que tratemos sus datos con el único fin de mejorar su experiencia.

Más información en https://bit.ly/31v0nch

Buenas noches 😃, soy el asistente
virtual de Línea Madrid.

Puedo ofrecerle de forma automatizada ⬇️:
- Información de gestiones de Padrón
- Criterios de acceso Distrito Centro
- Calles en Distrito Centro
- Invitaciones para Distrito Centro
- Dar de baja un permiso
- Buscar parkings
- Información Distrito Centro
- Información Plaza Elíptica

También le puedo redirigir a un Chat online con Agente que le facilitará :
Información general, Agendar una cita previa, Alta de avisos, Certificado de empadronamiento, Invitaciones Distrito Centro, Sugerencias y Reclamaciones 🤓.

Necesito que, por favor, **introduzca su email** para ofrecerle un servicio personalizado.

Escriba aquí

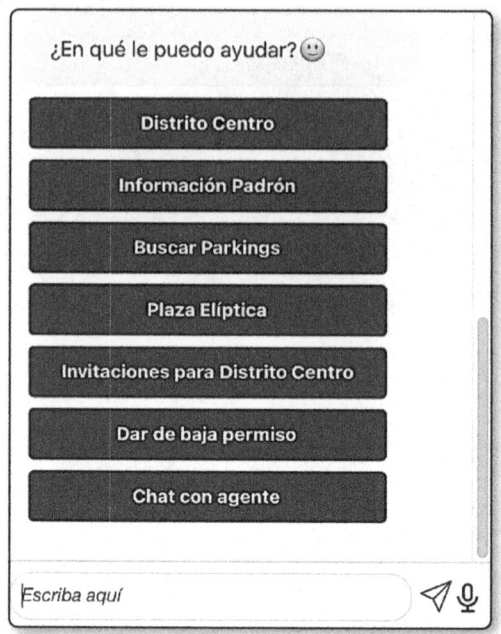

2. Integración de la tecnología ChatGPT

Una vez definida la experiencia del usuario, se procede a integrar la tecnología ChatGPT en el sistema. Esto puede implicar la implementación de una API o SDK que permita la comunicación entre el chatbot y el modelo ChatGPT, así como la configuración de parámetros y la optimización del modelo para adaptarse a las necesidades específicas del chatbot.

3. Desarrollo de lógica de negocio

Además de la generación de respuestas por parte de ChatGPT, es importante desarrollar una lógica de negocio que permita al chatbot entender y responder a las consultas de los usuarios de manera efectiva. Aquí, se incluye la integración con sistemas y políticas internas, la recuperación de datos relevantes y la toma de decisiones basadas en reglas o algoritmos específicos. También es interesante añadir opciones en caso de duda o de que el usuario desee hablar con un agente. Porque, y este es un punto a tener en cuenta, ChatGPT puede dar soluciones relativamente fáciles, pero habrá consultas o reclamaciones que tengan que ser atendidas por trabajadores.

¿Qué dice ChatGPT del desarrollo de lógica de negocio que permita al chatbot entender al usuario en un modelo de ChatGPT para redes sociales de empresas?

ChatGPT

Una lógica de negocio para un chatbot en un modelo de ChatGPT para redes sociales de empresas puede ser diseñada de la siguiente manera:

1. **Entendimiento del Usuario:**
   - El chatbot debe ser capaz de comprender las consultas y solicitudes de los usuarios de manera efectiva. Esto implica utilizar técnicas de procesamiento de lenguaje natural (NLP) para analizar el texto del usuario y extraer la intención detrás de cada mensaje.
   - Se pueden emplear modelos de aprendizaje automático para clasificar las consultas del usuario en categorías predefinidas, lo que facilita la identificación de la acción requerida.
   - Además, el chatbot puede mantener un contexto de la conversación para comprender mejor las consultas de seguimiento y proporcionar respuestas relevantes.

2. **Integración con la Base de Conocimientos de la Empresa:**
   - El chatbot debe estar conectado a la base de conocimientos de la empresa para acceder a información relevante sobre productos, servicios, políticas, procedimientos, etc.
   - Esto puede implicar la integración con bases de datos, sistemas de gestión de relaciones con el cliente (CRM) u otros sistemas internos de la empresa.

3. **Respuestas Personalizadas y Contextuales:**
   - El chatbot debe ser capaz de generar respuestas personalizadas y contextuales para cada usuario, teniendo en cuenta su historial de interacciones, preferencias y cualquier información relevante disponible.
   - Esto puede lograrse mediante el uso de algoritmos de recomendación y personalización que analizan los datos del usuario para ofrecer respuestas más relevantes y útiles.

4. **Gestión de Transacciones:**
   - Si el chatbot es capaz de realizar transacciones (como compras, reservas, etc.), debe contar con una lógica sólida para gestionar estas operaciones de manera segura y eficiente.
   - Esto puede incluir la validación de datos ingresados por el usuario, la generación de confirmaciones de transacciones y la integración con sistemas de pago en línea u otros servicios relevantes.

5. **Escalamiento y Gestión de Cargas:**
   - El chatbot debe estar preparado para manejar un alto volumen de consultas y usuarios simultáneos.
   - Esto implica implementar estrategias de escalamiento automático, monitoreo de la carga del sistema y gestión de recursos para garantizar un rendimiento óptimo en todo momento.

Al integrar estas funciones en la lógica de negocio del chatbot, se puede crear una experiencia de usuario fluida y efectiva en las redes sociales de la empresa, mejorando la satisfacción del cliente y aumentando la eficiencia operativa.

4. Pruebas y ajustes

Una vez desarrollado el chatbot, es crucial realizar pruebas exhaustivas para garantizar su funcionalidad y fiabilidad. Esto incluye pruebas de usabilidad, de integración y de rendimiento para identificar y corregir posibles problemas antes del instaurarla.

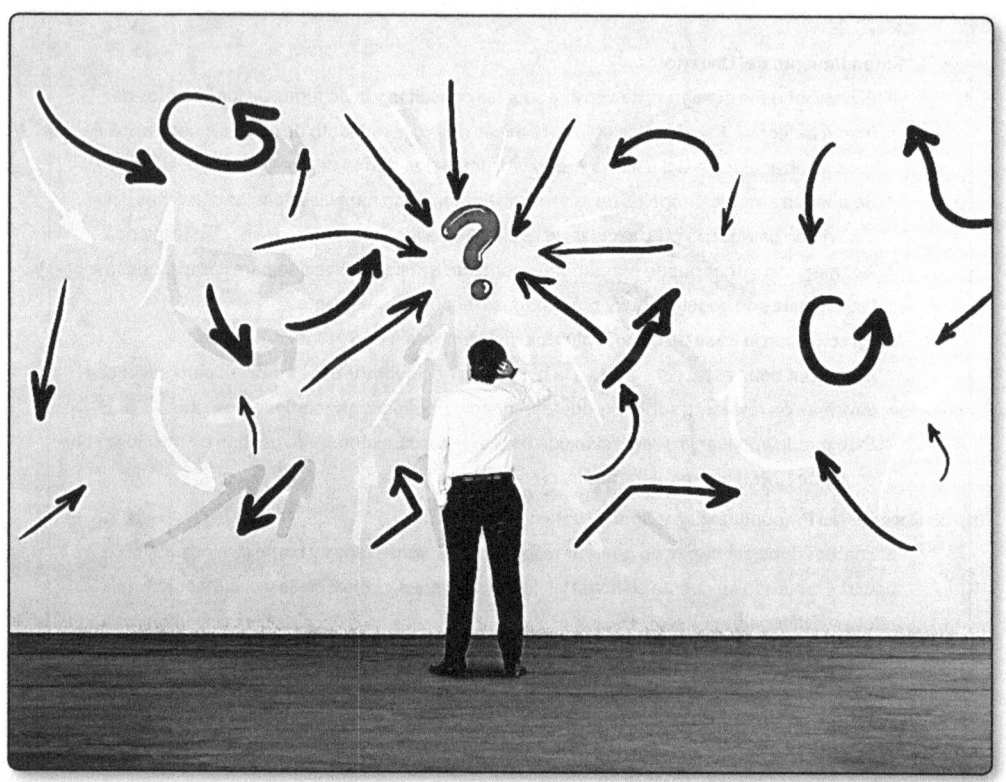

5. Implementación y asentamiento

Por último, una vez que el chatbot ha sido probado y ajustado, siendo positiva su valoración, se procede a su implementación en producción. Esto puede implicar la integración con sistemas de mensajería como Messenger en el grupo Meta (Facebook o Instagram, WhatsApp) o cualquier servidor de correo electrónico, así como la optimización del rendimiento del chatbot en tiempo real.

El desarrollo de chatbots y asistentes virtuales basados en ChatGPT es un proceso de varias etapas que requiere una combinación de diseño de experiencia de usuario, integración tecnológica, desarrollo de modelo de negocio, pruebas y ajustes, y, por último, despliegue en producción. Al aprovechar la tecnología avanzada de generación de lenguaje de ChatGPT, los desarrolladores pueden crear sistemas conversacionales inteligentes y personalizados que mejoren la experiencia del usuario en una variedad de situaciones.

4.3 EJEMPLOS DE CASOS DE USO Y MEJORAS PRÁCTICAS EN LA IMPLEMENTACIÓN DE CHATGPT EN REDES SOCIALES

La implementación de ChatGPT en redes sociales se puede apreciar en multitud de webs, redes sociales y servicios presentados por las empresas. Los objetivos ya se han visto: mejorar la experiencia del usuario y aumentar su participación. ¿Qué papel tiene ChatGPT en estas mejoras?

1. Servicio al cliente automatizado

Vista su importancia, ChatGPT puede ser utilizado para proporcionar respuestas automáticas a consultas de usuarios en las redes sociales, ofreciendo asistencia al cliente las 24 horas del día, los 7 días de la semana, independientemente de que la empresa esté abierta de cara a atender a los clientes. Algo que se puede apreciar en chats, respuestas a preguntas frecuentes o contestaciones automáticas a una consulta o reclamación. Muy importante para que el cliente se sienta seguro y valorado. Un alto porcentaje de las empresas, al menos de las importantes, lo tienen establecido, por lo que es un uso que es frecuente ver en el día a día como se ha visto en los ejemplos del anterior punto.

2. Generación de contenido relevante

ChatGPT puede ser utilizado para generar contenido atractivo para compartir en las redes sociales, como publicaciones e historias en Instagram, Facebook o vídeos en TikTok. Esto ayuda a que los seguidores no dejen de recibir novedades y noticias de la empresa.

Ejemplos de contenido relevante para TikTok que ofrece ChatGPT cuando se le pregunta.

ChatGPT

Sí, ChatGPT puede generar contenido relevante para empresas en redes sociales como TikTok. Aquí tienes algunos ejemplos de contenido que un modelo como ChatGPT podría crear:

1. **Desafío de Baile Creativo:**
   - Video corto con música de fondo y texto superpuesto que desafía a los seguidores a mostrar sus mejores movimientos de baile con el producto de la empresa. Por ejemplo, un desafío de baile con una canción pegajosa que destaque un producto específico de la empresa, como un nuevo sabor de helado o un accesorio de moda.
2. **Demostración de Producto Rápida:**
   - Un breve video tutorial que muestra cómo usar un producto o servicio de la empresa de manera creativa o útil. Por ejemplo, una demostración de maquillaje utilizando los productos de una marca de cosméticos, o una guía rápida de recetas utilizando los productos alimenticios de la empresa.
3. **Historia Inspiradora del Cliente:**
   - Un video que destaca la historia de un cliente satisfecho y cómo el producto o servicio de la empresa ha mejorado su vida de alguna manera. Por ejemplo, un testimonio de un cliente que comparte cómo el producto de una marca de fitness lo ayudó a alcanzar sus objetivos de salud y bienestar.
4. **Desafío de Arte Creativo:**
   - Un desafío que invita a los seguidores a crear arte o manualidades relacionadas con el producto de la empresa y compartirlo en TikTok. Por ejemplo, un desafío de arte en el que los seguidores deben crear una ilustración inspirada en los valores de la marca de una empresa de ropa.
5. **Consejos y Trucos Útiles:**
   - Videos cortos que ofrecen consejos prácticos o trucos relacionados con el uso del producto o servicio de la empresa. Por ejemplo, consejos de belleza para el cuidado de la piel utilizando los productos de una marca de cuidado de la piel, o consejos de organización del hogar utilizando los productos de una marca de almacenamiento.

Estos son solo algunos ejemplos de contenido relevante que un modelo como ChatGPT podría generar para empresas en TikTok. El contenido efectivo en TikTok tiende a ser creativo, entretenido y auténtico, y un modelo de lenguaje puede ayudar a generar ideas y conceptos que resuenen con la audiencia de la plataforma.

3. Personalización de la experiencia del usuario

ChatGPT puede ser utilizado para personalizar la experiencia del usuario en las redes sociales, ofreciendo recomendaciones de contenido, productos o servicios basadas en los intereses y preferencias de cada usuario. Algo que explotó TikTok y que se puede ver ahora en cualquier red social. Secciones "Para ti" o "Quizá te interese" son elementos fáciles de encontrar. Esto puede aumentar la relevancia y la utilidad del contenido compartido en las redes sociales, mejorando así la satisfacción del usuario.

4. Participación y conversación interactiva

ChatGPT puede ser utilizado para iniciar conversaciones interactivas y participativas en las redes sociales como concursos, encuestas, juegos o chats en vivo. De este modo, se fomenta la participación de los usuarios, aumenta la interacción con la marca y crea una comunidad más comprometida en las redes sociales.

5. Análisis y seguimiento del rendimiento

Las estadísticas y análisis de rendimiento de la marca son muy importantes para comprobar el alcance del contenido de la marca. Además de las propias, es importante realizar un seguimiento y análisis del rendimiento de la implementación de ChatGPT en redes sociales para evaluar su efectividad y hacer ajustes según sea necesario. Cualquier red social te da la opción de mostrarte gráficas y estadísticas (por ejemplo, insights en Instagram) y conocer mejor a todo el público, tanto en la interacción como en el visionado del contenido.

La implementación de ChatGPT en redes sociales ofrece una variedad de oportunidades para mejorar la experiencia del usuario, aumentar la participación y fortalecer la presencia de la marca en línea y en cualquier horario. Al aprovechar las capacidades de ChatGPT, las empresas pueden crear experiencias más personalizadas, interactivas y atractivas para sus usuarios en las redes sociales.

Da igual el momento del día que sea o la hora en la que te encuentres, prueba a hacer algún ejemplo. Si el sistema funciona de forma correcta, lo peor que puede ocurrirte es que te confirmen la recepción del mensaje y te contesten en periodo laboral. Pero ya sabiendo que tu mensaje ha llegado al destinatario.

A continuación, se presentan dos ejemplos de dos establecimientos y empresas importantes: Media Markt y Just Eat. El primero muestra la confirmación de un pedido realizado en su web mientras que en el otro podemos observar una encuesta realizada tras una reclamación en su servicio de atención al cliente.

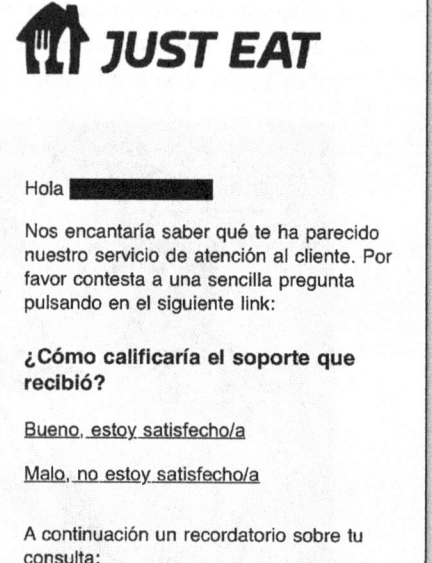

5

USO EMPRESARIAL DE CHATGPT EN EMPRESAS

El uso de ChatGPT en redes sociales en un gran número de empresas representa un salto significativo en la manera en que estas interactúan y se relacionan con su audiencia en el entorno digital. El cambio de la forma de comunicarse y ver contenido de la sociedad, en la que se ha cambiado la televisión y la radio por las redes sociales en muchos hogares, unida a la continua evolución de la inteligencia artificial y el procesamiento del lenguaje natural, hacen posible que se exploren nuevas formas de aprovechar estas tecnologías para ofrecer experiencias más enriquecedoras y personalizadas a sus clientes y seguidores.

Estos clientes y seguidores ya no van por regla a las tiendas físicas a ver los productos o experiencias que se ofrecen, sino que hace una búsqueda en internet o en la propia web de la empresa. En este sentido, las redes sociales, a través de imágenes, vídeos y demás contenido, presentan para intentar persuadir y ofrecer la mejor información a los clientes, ya sean adeptos o potenciales.

En este contexto, ChatGPT surge como una herramienta poderosa y útil que permite a las empresas crear sistemas y modelos que pueden comprender y responder de manera efectiva a las consultas y comentarios de los usuarios en las redes sociales. Y, lo mejor de todo, ofrece multitud de opciones y abarca campos desde la atención al cliente hasta el marketing y la generación de contenido, por lo que ChatGPT se convierte en un arma imprescindible para ofrecer una gama de aplicaciones que pueden transformar la forma en que las empresas se comunican y se relacionan con su audiencia en línea. De esta forma, los usuarios tienen la tranquilidad de poder comunicarse independientemente de la hora y el lugar en el que se encuentren.

A lo largo de este capítulo, se detallará cómo las empresas pueden aprovechar las capacidades de ChatGPT para mejorar sus estrategias en redes sociales. Desde cómo la automatización del servicio al cliente puede agilizar y mejorar la experiencia del usuario hasta la forma en que la generación de contenido relevante puede mantener el compromiso de la audiencia y cómo la personalización puede impulsar la fidelidad del cliente y la satisfacción.

También se mostrarán más ejemplos de cómo diferentes industrias están integrando ChatGPT en sus estrategias de redes sociales para alcanzar objetivos comerciales específicos. Desde la industria minorista hasta la tecnología y la atención médica, se verán cómo diversas empresas están innovando con ChatGPT para mejorar su presencia en línea y su participación en las redes sociales.

Visto todo, se podrá sacar la conclusión de si las empresas pueden seguir mejorando su presencia y visibilidad en las redes sociales utilizando herramientas, poniendo a ChatGPT como la principal, y cómo estas tecnologías pueden continuar evolucionando para satisfacer las necesidades de las empresas y sus clientes en el mundo digital en constante cambio.

5.1 VENTAJAS Y DESAFÍOS DE UTILIZAR CHATGPT EN ENTORNOS EMPRESARIALES

La implementación de ChatGPT en entornos empresariales ofrece una serie de ventajas positivas, pero también desafíos que deben tenerse en cuenta.

▶ **Atención al cliente automatizada**: ventaja vista ya que ChatGPT permite a las empresas automatizar gran parte de su atención al cliente en redes sociales, respondiendo a consultas comunes y proporcionando asistencia las 24 horas del día, los 7 días de la semana, lo que mejora la satisfacción del cliente y reduce los costos operativos.

▶ **Adaptabilidad**: al ser una solución basada en inteligencia artificial, ChatGPT es altamente adaptable y puede manejar un gran volumen de consultas de usuarios simultáneamente, lo que lo hace ideal para empresas con una gran base de clientes o una alta actividad en redes sociales. Crucial a la hora de realizar pedidos o dar soluciones sobre un pedido o un producto, sobre todo en los momentos pico. Los momentos picos hacen referencia a las situaciones en las que más demandan el público la acción o respuesta de la empresa. Por ejemplo, un producto esperado y que salga en una fecha concreta o una reclamación ante un problema puntual.

Preguntándole de nuevo a ChatGPT, se le pide que detalle una estrategia si llevara una gran base de datos de clientes de una empresa y saliera un producto muy demandado mañana.

Claro, aquí tienes un esquema general de cómo podría desarrollarse una estrategia para aprovechar una gran base de datos de clientes cuando se lanza un producto muy demandado:

1. **Análisis de la Base de Datos de Clientes:**
   - Revisar la base de datos de clientes existente para comprender mejor el perfil demográfico, comportamiento de compra, preferencias, historial de interacciones, etc.
   - Identificar segmentos de clientes que podrían estar más interesados en el nuevo producto en función de datos demográficos, patrones de compra pasados y otras características relevantes.

2. **Personalización de Mensajes:**
   - Utilizar la información obtenida de la base de datos para personalizar los mensajes de marketing.
   - Crear segmentos específicos de clientes y diseñar campañas de marketing dirigidas a cada uno de ellos, resaltando cómo el nuevo producto podría satisfacer sus necesidades o intereses particulares.

3. **Comunicación Proactiva:**
   - Enviar comunicaciones proactivas a los clientes existentes para informarles sobre el nuevo producto y sus beneficios.
   - Utilizar diferentes canales de comunicación, como correos electrónicos, mensajes de texto, notificaciones push en aplicaciones ↓ les, redes sociales, etc., según las preferencias de los clientes.

4. **Ofertas Especiales y Descuentos:**
   - Ofrecer ofertas especiales, descuentos exclusivos u otros incentivos para fomentar la compra del nuevo producto entre los clientes existentes.
   - Personalizar las ofertas según el historial de compras y el valor del cliente para aumentar la relevancia y efectividad.

5. **Monitoreo y Análisis:**
   - Establecer métricas clave de rendimiento (KPIs) para medir el éxito de la estrategia, como tasas de conversión, retorno de la inversión (ROI), ingresos generados, etc.
   - Utilizar herramientas de análisis para monitorear el rendimiento de las campañas en tiempo real y realizar ajustes según sea necesario para optimizar los resultados.

6. **Seguimiento y Fidelización:**
   - Después del lanzamiento del producto, seguir interactuando con los clientes para recopilar comentarios, responder preguntas y brindar soporte.

- Utilizar la información obtenida durante el proceso para mejorar continuamente la oferta del producto y la estrategia de marketing, así como para fortalecer la relación con los clientes a largo plazo.

En resumen, la clave es aprovechar la base de datos de clientes existente para personalizar las comunicaciones y las ofertas, maximizando el impacto del lanzamiento del nuevo producto y fomentando la lealtad de los clientes a largo plazo.

- **Personalización**: ChatGPT puede ser entrenado para comprender y adaptarse a las preferencias individuales de los usuarios, permitiendo una experiencia más personalizada y relevante para cada cliente, lo que aumenta la lealtad y el compromiso del cliente. Aunque sea por IA, sentirse valorado es algo que el cliente valorará, por lo que, cuanto más personal sea la conversación o la solución, más contento estará el usuario.

  ¿Qué piensa y propone ChatGPT sobre los métodos de personalización? Se va a presentar un ejemplo en el que la IA ha creado un escenario y los diferentes pasos a seguir.

Escenario: Supongamos que una empresa de comercio electrónico está lanzando un nuevo producto: una línea de ropa deportiva de alta tecnología. Quieren aprovechar su base de datos de clientes existente para maximizar las ventas y la satisfacción del cliente.

Personalización a través de ChatGPT:

1. **Recomendaciones Personalizadas:**
   - Utilizando el historial de compras y las interacciones pasadas, ChatGPT puede generar recomendaciones de productos altamente personalizadas para cada cliente.
   - Por ejemplo, si un cliente ha comprado previamente ropa deportiva de la misma marca o de marcas similares, ChatGPT puede sugerir productos de la nueva línea que se ajusten a sus preferencias y estilo.
2. **Asistencia en el Proceso de Compra:**
   - Cuando un cliente interactúa con el sitio web o la aplicación móvil para explorar la nueva línea de ropa deportiva, ChatGPT puede ofrecer asistencia personalizada en tiempo real.
   - Esto podría incluir responder preguntas sobre tallas, materiales, características técnicas, etc., basándose en el conocimiento previo del cliente y en el contexto de su búsqueda actual.

3. **Ofertas Especiales y Descuentos Personalizados:**
    - ChatGPT puede identificar clientes que sean más propensos a comprar la nueva línea de ropa deportiva y ofrecerles descuentos exclusivos o promociones especiales.
    - Por ejemplo, si un cliente ha mostrado un interés particular por la ropa deportiva en el pasado, ChatGPT podría ofrecerle un descuento adicional como incentivo para realizar una compra.

4. **Seguimiento Post-Compra:**
    - Después de que un cliente realice una compra, ChatGPT puede enviar mensajes de seguimiento personalizados para asegurarse de que esté satisfecho con su compra.
    - Esto podría incluir preguntar sobre el ajuste de la ropa, ofrecer consejos de cuidado o sugerir productos complementarios basados en la compra reciente.

5. **Sugerencias de Estilo y Combinaciones:**
    - ChatGPT puede ofrecer sugerencias de estilo personalizadas para ayudar a los clientes a combinar la nueva ropa deportiva con otras prendas de su guardarropa existente.
    - Por ejemplo, si un cliente compra un par de pantalones deportivos, ChatGPT podría sugerir camisetas o chaquetas que complementen el estilo y el color de los pantalones.

En cada interacción, la clave es que ChatGPT utiliza la información disponible sobre el cliente para ofrecer una experiencia personalizada y relevante, lo que aumenta la satisfacción del cliente y fortalece su conexión con la marca.   ↓

> ▶ **Generación de contenido**: ChatGPT puede ser utilizado para generar contenido relevante y atractivo para compartir en redes sociales (Instagram, TikTok...), lo que ayuda a mantener a los seguidores comprometidos y aumenta la visibilidad de la marca. Ayuda a la marca a que esté activa y presente, algo esencial en la lucha competitiva.

Aquí tienes la imagen de una campaña para TikTok de una empresa que vende tequeños. La escena muestra un puesto de comida callejera lleno de energía y color. Espero que te guste y te sirva de inspiración.

↓

 Más adelante, se verán ejemplos concretos de imágenes creadas para campañas de publicidad de una empresa.

▶ **Análisis de datos**: ChatGPT puede ser utilizado para recopilar datos sobre las interacciones de los usuarios en las redes sociales, proporcionando a las empresas información valiosa sobre las necesidades, preferencias y comportamientos de sus clientes, lo que puede informar futuras estrategias de marketing y desarrollo de productos.

Desafíos

▶ **Calidad de las respuestas**: aunque ChatGPT y los demás modelos de lenguaje son capaces de generar respuestas acertadas y coherentes en muchos casos, todavía comete errores, sobre todo de concordancia, y la respuesta no es siempre la más acertada. También hay ocasiones en que se queda "pensando" más de la cuenta o con necesidad de refrescar la página. Aunque su solución es rápida, no es lo mismo este error si una persona está trabajando en su casa que si lo sufre un cliente ante una reclamación y tiene que comenzar el proceso de nuevo. Esto puede afectar al prestigio y valor de la marca.

Un ejemplo muy común es la preventa de entradas para espectáculos, ya sea conciertos, partidos de fútbol u otro evento. Muchas veces, cuando llega la hora, la gente se amontona y los servidores no dan de más y la gente se puede tirar varias horas para poder efectuar la compra. Y una de las peores sensaciones es que, tras estar todo el tiempo pulsando PF5, y te salga el mensaje de error o te ponga el fatídico mensaje de que la página no funcione.

Esta página no funciona

La página **localhost** te ha redirigido demasiadas veces.

Borrar las cookies.

ERR_TOO_MANY_REDIRECTS

Volver a cargar

▶ **Privacidad y seguridad**: uno de los grandes miedos son la confidencialidad de los datos de los usuarios y clientes. Además de datos bancarios, pueden ser robados o mal usados los datos personales o contraseñas. Para ello, es fundamental que los datos se manejen de forma segura y tengan altos estándares de seguridad. Y, aunque no se crea como algo frecuente, la filtración de datos, por desgracia, sí lo es.

Cualquier empresa o particular que quiera ver la normativa de Datos Personales, podrá consultarla en el BOE o en la web oficial del Ministerio de Hacienda.

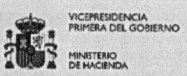

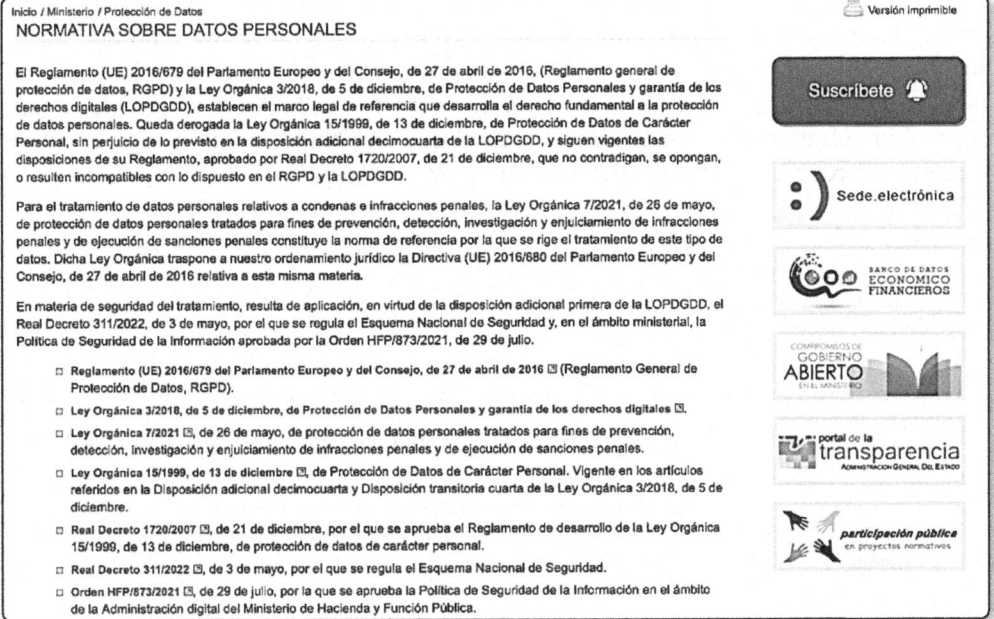

Inicio / Ministerio / Protección de Datos
NORMATIVA SOBRE DATOS PERSONALES

El Reglamento (UE) 2016/679 del Parlamento Europeo y del Consejo, de 27 de abril de 2016, (Reglamento general de protección de datos, RGPD) y la Ley Orgánica 3/2018, de 5 de diciembre, de Protección de Datos Personales y garantía de los derechos digitales (LOPDGDD), establecen el marco legal de referencia que desarrolla el derecho fundamental a la protección de datos personales. Queda derogada la Ley Orgánica 15/1999, de 13 de diciembre, de Protección de Datos de Carácter Personal, sin perjuicio de lo previsto en la disposición adicional decimocuarta de la LOPDGDD, y siguen vigentes las disposiciones de su Reglamento, aprobado por Real Decreto 1720/2007, de 21 de diciembre, que no contradigan, se opongan, o resulten incompatibles con lo dispuesto en el RGPD y la LOPDGDD.

Para el tratamiento de datos personales relativos a condenas e infracciones penales, la Ley Orgánica 7/2021, de 26 de mayo, de protección de datos personales tratados para fines de prevención, detección, investigación y enjuiciamiento de infracciones penales y de ejecución de sanciones penales constituye la norma de referencia por la que se rige el tratamiento de este tipo de datos. Dicha Ley Orgánica traspone a nuestro ordenamiento jurídico la Directiva (UE) 2016/680 del Parlamento Europeo y del Consejo, de 27 de abril de 2016 relativa a esta misma materia.

En materia de seguridad del tratamiento, resulta de aplicación, en virtud de la disposición adicional primera de la LOPDGDD, el Real Decreto 311/2022, de 3 de mayo, por el que se regula el Esquema Nacional de Seguridad y, en el ámbito ministerial, la Política de Seguridad de la Información aprobada por la Orden HFP/873/2021, de 29 de julio.

- Reglamento (UE) 2016/679 del Parlamento Europeo y del Consejo, de 27 de abril de 2016 ▣ (Reglamento General de Protección de Datos, RGPD).
- Ley Orgánica 3/2018, de 5 de diciembre, de Protección de Datos Personales y garantía de los derechos digitales ▣.
- Ley Orgánica 7/2021 ▣, de 26 de mayo, de protección de datos personales tratados para fines de prevención, detección, investigación y enjuiciamiento de infracciones penales y de ejecución de sanciones penales.
- Ley Orgánica 15/1999, de 13 de diciembre ▣, de Protección de Datos de Carácter Personal. Vigente en los artículos referidos en la Disposición adicional decimocuarta y Disposición transitoria cuarta de la Ley Orgánica 3/2018, de 5 de diciembre.
- Real Decreto 1720/2007 ▣, de 21 de diciembre, por el que se aprueba el Reglamento de desarrollo de la Ley Orgánica 15/1999, de 13 de diciembre, de protección de datos de carácter personal.
- Real Decreto 311/2022 ▣, de 3 de mayo, por el que se regula el Esquema Nacional de Seguridad.
- Orden HFP/873/2021 ▣, de 29 de julio, por la que se aprueba la Política de Seguridad de la Información en el ámbito de la Administración digital del Ministerio de Hacienda y Función Pública.

Versión imprimible

Suscríbete 🔔

:) Sede.electrónica

BANCO DE DATOS ECONÓMICO FINANCIEROS

COMPROMISOS DE GOBIERNO ABIERTO EN EL MINISTERIO

portal de la transparencia
ADMINISTRACIÓN GENERAL DEL ESTADO

participación pública
en proyectos normativos

▶ **Entrenamiento y mantenimiento**: para que ChatGPT funcione de forma correcta, es necesario que entrene y se le corrijan errores durante el proceso. Para ello, se necesita tiempo, dinero y personal que realice esta función. No sirve el hecho de usar ChatGPT y dejarlo a la suerte. Al igual que con las personas, cuanto mejor se entrene algo, mejor preparado estará para acometer su función.

▶ **Transparencia y ética**: algunas de las grandes preguntas en torno a ChatGPT o cualquier modelo de lenguaje son: ¿Es válido moralmente que use ChatGPT? ¿Me pueden pillar y me puede pasar algo si lo hacen? ¿La calidad de las respuestas en buena y me puedo fiar de todo lo que pone? Lo primero que hay que entender es que esta tecnología es una IA, por lo que las respuestas siempre van a estar limitadas y es necesario hacérselo ver al cliente y que sea consciente de que no va a tratar con una persona. Respecto a los valores éticos, ChatGPT es una muy buena herramienta de trabajo que sirve como complemento, aunque nunca como sustitutivo a la hora de realizar una acción. En el mundo laboral, es complicado que intenten conocer si tu texto o contenido ha sido elaborado por IA, pero existen programas que lo detectan, por lo que quien quiera presentar un trabajo o cualquier actividad a nivel educacional debería pensarlo bien o, al menos, adaptarlo a sus palabras.

Las diferentes marcas y empresas están innovando y ofreciendo sus asistentes virtuales. Además de los chats que hemos visto y que pueden incluir todo el espacio de la página web, como se verá en el ejemplo de Iberdrola, o simplemente un espacio de chat, otras incluyen la información personalizada por otros canales como WhatsApp. Orange ofrece este servicio, en el que un chatbot inicia la conversación y cuando se requiere entra una persona en la conversación.

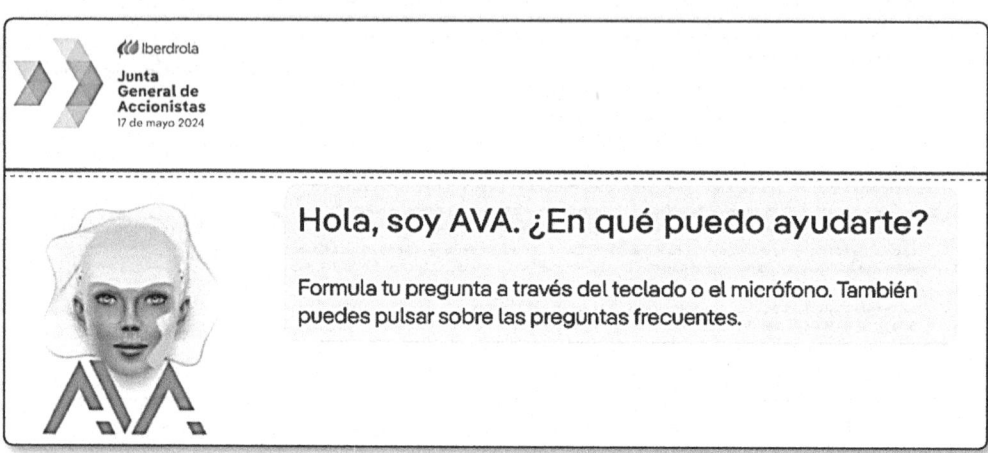

En conclusión, el uso de ChatGPT en entornos empresariales ofrece una serie de ventajas a tener en cuenta, generando contenido y comunicación con el cliente de forma directa. Aunque también hay que tener cuidado en ciertos términos como la calidad de las respuestas, la seguridad de los datos de los usuarios y todo lo relacionado con las cuestiones éticas.

5.2 APLICACIONES DE CHATGPT EN ATENCIÓN AL CLIENTE Y SOPORTE TÉCNICO EN REDES SOCIALES

Las empresas, al implementar ChatGPT en atención al cliente y soporte técnico en redes sociales, obtienen una serie de beneficios muy interesantes. De igual modo, los clientes también se aprovechan de estas ventajas. ¿Cuáles son las más importantes?

1. **Respuestas automáticas a consultas comunes**: ChatGPT es usado para proporcionar respuestas automáticas a consultas comunes de los clientes en redes sociales y en la propia web, en especial dudas, información de productos, reclamaciones o valoración de algún producto o servicio. La espera por parte del cliente es casi nula y mejora su satisfacción, aunque no se resuelva el problema. Cuando esto ocurre, se dirigirá el problema hacia un agente o la persona encargada, por lo que también actúa de hilo conector.

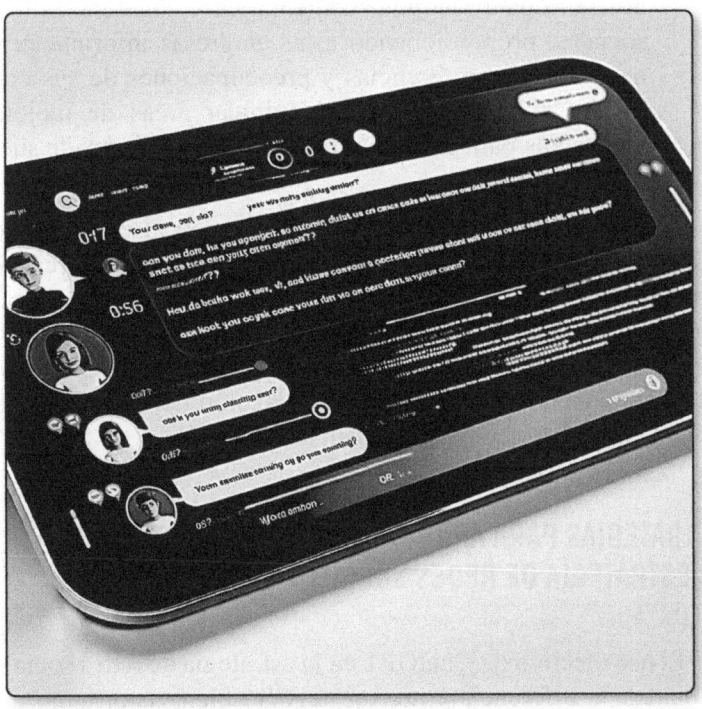

2. **Asistencia técnica automatizada**: ChatGPT puede ser entrenado para proporcionar asistencia a los clientes en los diferentes espacios web.

El objetivo es solucionar pequeñas consultas y ayudarlos para que no pierdan más tiempo del necesario y su experiencia sea mejor. Aquí tiene protagonismo la asistencia virtual y las respuestas a preguntas comunes.

3. **Generación de respuestas detalladas**: ChatGPT no solo está preparado para respuestas básicas, puede ser entrenado para generar contenido detallado y personalizado, proporcionando información útil y adecuada al problema. Esto también ocurre con el contenido presentado, eligiendo la mejor opción en las redes sociales. Si ChatGPT cumple con su función y soluciona al cliente su problema, la imagen de la marca no se verá afectada.

4. **Consultas derivadas**: como se ha visto, ChatGPT puede derivar algunas preguntas o cuestiones cuando no sea capaz de solucionarlo o lo pida el propio cliente. De esta forma, las empresas priorizan las consultas más urgentes y ofrecen una atención detallada basada en cada caso.

5. **Recopilación de comentarios y sugerencias**: ChatGPT puede ser utilizado para recopilar comentarios y sugerencias de clientes en redes sociales, proporcionando a las empresas información valiosa sobre las necesidades, preferencias y preocupaciones de sus clientes. Esto puede ayudar a las empresas a identificar áreas de mejora y a desarrollar estrategias para satisfacer mejor las necesidades de sus clientes.

La implantación de ChatGPT en atención al cliente y soporte técnico en redes sociales ofrece una serie de beneficios, incluyendo respuestas automáticas a consultas comunes, asistencia técnica, generación de respuestas detalladas, consultas y recopilación de comentarios y sugerencias de clientes. Al aprovechar las capacidades avanzadas de generación de lenguaje de ChatGPT, las empresas pueden mejorar la eficiencia, la calidad y la satisfacción del cliente en sus operaciones de atención al cliente y soporte técnico en redes sociales.

5.3 ESTRATEGIAS PARA APROVECHAR AL MÁXIMO CHATGPT EN LA ESTRATEGIA DE REDES SOCIALES DE UNA EMPRESA

El uso efectivo de ChatGPT en la estrategia de redes sociales de una empresa puede marcar la diferencia entre un negocio bien visto, tanto a nivel de usuarios como profesional, y dar una mala imagen. La satisfacción del cliente es una de las partes importante del éxito, por lo que se deberían cuidar todos los detalles. ¿Cuáles son las estrategias que debería adoptar una empresa?

1. **Definir objetivos**: antes de implementar, probar o usar ChatGPT en las redes sociales de la empresa, es importante definir los objetivos, siendo claros y específicos para su uso. Varias opciones para esta mejora son aumentar la participación de los usuarios, generar *feedback* o aumentar las ventas. Con los objetivos claros, la empresa puede desarrollar una estrategia efectiva para aprovechar al máximo las capacidades de ChatGPT.

2. **Entrenar y personalizar el modelo**: es crucial entrenar y personalizar el modelo ChatGPT para que se ajuste a las necesidades específicas de la empresa y su público. Hacer pruebas con preguntas y respuestas específicas de la empresa o ajustar los parámetros del modelo para optimizar su rendimiento en el contexto empresarial son ejemplos claros.

Tras preguntar a ChatGPT algunos ejemplos de preguntas y respuestas que puede dar a la hora de diversas consultas de los clientes, estos son algunos ejemplos que destaca:

Pregunta 1: Disponibilidad de Producto

Cliente: ¿Tienen la chaqueta modelo X en talla M disponible?

Asistente: ¡Hola! Sí, tenemos la chaqueta modelo X en talla M disponible en colores azul, negro y rojo. ¿Te gustaría realizar un pedido o necesitas más información?

Pregunta 2: Información sobre Envíos

Cliente: ¿Cuánto tardaría en llegar mi pedido a Madrid?

Asistente: Los envíos a Madrid suelen tardar entre 3 y 5 días laborables. Si realizas el pedido hoy, puedes esperar recibirlo entre el martes y el jueves de la próxima semana.

Pregunta 3: Política de Devoluciones

Cliente: ¿Qué debo hacer si quiero devolver un producto?

Asistente: Para devolver un producto, puedes iniciar el proceso en nuestra sección de 'Devoluciones' en la web. Tendrás que rellenar un formulario con tus datos y el motivo de la devolución. Ofrecemos una política de devolución gratuita dentro de los 30 días posteriores a la compra.

Pregunta 4: Métodos de Pago

Cliente: ¿Qué métodos de pago aceptan?

Asistente: Aceptamos varias formas de pago incluyendo tarjetas de crédito y débito (Visa, MasterCard, American Express), PayPal, y transferencia bancaria.

Pregunta 5: Problemas con el Pedido

Cliente: Mi pedido no ha llegado y ya pasaron 7 días, ¿qué puedo hacer?

Asistente: Lamento escuchar eso. Permíteme verificar el estado de tu pedido. ¿Puedes proporcionarme el número de pedido o tu correo electrónico asociado a la compra para localizarlo rápidamente?

3. **Integrar ChatGPT en la estrategia de contenido**: al ser una herramienta poderosa para generar contenido relevante y atractivo, es necesario incluir ChatGPT en las redes sociales. Las empresas pueden utilizarlo para generar ideas de contenido, redactar publicaciones o stories, y responder a comentarios y mensajes de los usuarios de manera rápida y efectiva.

A continuación, se muestra una imagen y un texto generados por ChatGPT para una publicación de Instagram. Usando el ejemplo del nuevo lanzamiento del libro "Exploring ChatGPT", este ha sido el resultado:

Al observarlo, vemos que la imagen es llamativa con el objetivo de atraer a los usuarios. El texto viene con toda la información disponible (se ha puesto la fecha de "mañana", pudiendo elegir en todo momento una más concreta), con las opciones de añadir el evento en el calendario, el link de la web y con los hashtags más importantes de la actualidad en ese ámbito.

🚀 **Nuevo Lanzamiento!** 📖 ✨

Estamos emocionados de anunciar que nuestro último libro, **"Exploring ChatGPT"**, se lanza **imañana!** Prepárate para sumergirte en el futuro de la inteligencia artificial y descubrir cómo ChatGPT está transformando nuestra interacción con la tecnología.

📅 Marca tu calendario y prepárate para ser parte de la revolución AI.

🔗 Haz clic en el enlace en bio para más detalles y para pre-ordenar tu copia.

¿Estás listo para explorar el futuro con nosotros?

#ExploringChatGPT #ChatGPT #BookLaunch #AITechnology #FutureofAI #ArtificialIntelligence #TechBook #Innovation #MustRead #TechCommunity

---

4. **Mejorar la experiencia del cliente**: esto se consigue respondiendo con respuestas rápidas y útiles a las consultas de los usuarios, ofreciendo recomendaciones personalizadas y generando interacciones más satisfactorias.

5. **Monitorear y analizar el rendimiento**: es importante hacerlo para evaluar su efectividad y hacer ajustes según sea necesario. El seguimiento de factores como el tiempo de respuesta, la satisfacción del cliente y el compromiso del usuario para identificar áreas de mejora y oportunidades de optimización. Es muy importante valorar la opinión del cliente y desarrollar las posibles mejoras en base a sus comentarios.

6. **Mantener la transparencia**: al utilizar ChatGPT en la estrategia de redes sociales de una empresa, es importante mantener la transparencia de todas las interacciones que haya con los usuarios. No se limita únicamente a tener herramientas de calidad, también el usuario debe ser consciente en todo momento que está comunicándose con una IA y cumplir de forma obligatoria con la privacidad de sus datos.

Aprovechar al máximo ChatGPT en la estrategia de redes sociales de una empresa requiere una combinación de elementos para que sea adecuada. Definir los objetivos, entrenar al modelo, definir la estrategia de contenido, mejorar la experiencia del cliente y el rendimiento y mantener una total transparencia. Con estas estrategias, la empresa conseguirá una mejor comunicación e imagen, desembocando en una mayor participación por parte del usuario.

A continuación, se van a elaborar casos de campañas para anunciar productos a través de las redes sociales de una empresa elaborados por ChatGPT. Para ello, se le pedirá que establezca un plan de acción, con sus objetivos y estrategia, y que muestre diferentes publicaciones: algunas con imagen para Instagram, otras más adaptadas a X…

Ejemplo 1

Una empresa que se dedica a vender refrescos quiere dar a conocer su nueva bebida con sabor a sandía.

ChatGPT

Para lanzar con éxito una nueva bebida de sandía en las redes sociales, es crucial diseñar un plan de acción detallado que maximice el alcance y la participación del público objetivo. Aquí te presento un plan estructurado para promocionar el producto en Instagram, TikTok y X (anteriormente conocido como Twitter):

1. Objetivos del Plan de Acción

- **Aumentar la conciencia de marca:** Introducir la nueva bebida de sandía al mercado como una opción refrescante y saludable.
- **Generar interés y anticipación:** Crear expectativa antes del lanzamiento oficial.
- **Fomentar la interacción y participación:** Incentivar la interacción con contenido interactivo y promociones.
- **Impulsar las ventas:** Convertir el interés en compras efectivas.

2. Estrategias de Implementación

Instagram

- **Teasers y Cuenta Regresiva:** Publicar imágenes y vídeos atractivos de la bebida con una cuenta regresiva hasta la fecha de lanzamiento.
- **Colaboraciones con Influencers:** Asociarse con influencers de estilo de vida y fitness que compartan vídeos y fotos consumiendo la bebida, destacando sus beneficios y sabor único.
- **Instagram Stories y Reels:** Utilizar formatos dinámicos para mostrar la bebida en diversos escenarios de consumo (playa, gimnasio, desayuno), incluyendo características del producto y testimonios de consumidores.
- **Publicaciones Patrocinadas y Anuncios:** Segmentar anuncios a audiencias basadas en intereses en salud, bienestar y bebidas naturales.

TikTok

- **Desafío Hashtag:** Crear un desafío viral donde los usuarios deben mostrar su forma más creativa de disfrutar la bebida. Ofrecer premios atractivos para los videos más creativos o populares.
- **Contenido Detrás de Escenas:** Mostrar la producción de la bebida, el empaque y el proceso de distribución para crear transparencia y fomentar la confianza en la marca.
- **Colaboraciones con TikTokers:** Trabajar con creadores populares que puedan crear contenido original y divertido que destaque la bebida.

X (Twitter)

- **Campaña de Tweets:** Lanzar una serie de tweets informativos y atractivos con datos curiosos sobre la sandía y sus beneficios para la salud.
- **Interacción en Tiempo Real:** Utilizar Twitter para responder preguntas de los consumidores en tiempo real, ofreciendo un servicio al cliente proactivo y transparente.
- **Uso de Twitter Polls:** Realizar encuestas para involucrar a la comunidad y obtener feedback sobre la nueva bebida.

3. Medición del Éxito

- **Análisis de Engagement:** Seguimiento de likes, comentarios, compartidos y visualizaciones en todas las plataformas.
- **Monitoreo de Hashtags y Menciones:** Analizar cómo se difunde el hashtag del desafío y las menciones de la bebida.
- **Ventas y Conversión:** Evaluación del impacto de la campaña en las ventas online y en tiendas.

4. Calendario de Implementación

- **Fase Pre-Lanzamiento (2 semanas antes):** Teasers y anuncios de cuenta regresiva.
- **Lanzamiento (Semana 1):** Activación de todas las estrategias y monitorización intensiva.
- **Post-Lanzamiento (1 mes):** Análisis de resultados y ajustes necesarios.

Este plan proporciona una hoja de ruta clara para presentar la nueva bebida de sandía en el mercado, utilizando las plataformas de redes sociales para maximizar el alcance y fomentar una fuerte conexión con la audiencia.

☀️ ✨ **¡Desata el verano con cada sorbo!** 🍉 🥤

Presentamos **Watermelon Delight** – tu nuevo must-have para refrescarte este verano. Disfruta del sabor puro y refrescante de la sandía en una práctica lata que puedes llevar dondequiera que vayas.

👉 Desliza para ver más y cuéntanos, ¿dónde disfrutarás tu primera lata de Watermelon Delight?

🚀 **¡Disponible ahora!** No te quedes sin probar el sabor del verano.
🔗 Enlace en bio para más detalles.

#WatermelonDelight #SummerVibes #Refreshing #DrinkOfTheSummer #InstaDrink
#HealthyChoice #SummerEssential #TasteTheSummer #EcoFriendly #ZeroWasteLiving

🌞 ¡Nuevo lanzamiento! 🍉 Prueba #WatermelonDelight: tu refresco de verano en lata. Sabor fresco, puro y listo para llevar. 🥤 ✨ Disponible ahora! 🔗 [Enlace] #SummerVibes #DrinkOfTheSummer

Slogan:
"Saborea el Verano en Cada Sorbo con Watermelon Delight!"

Descripción:
"Descubre el placer de la frescura con cada lata de Watermelon Delight. Nuestra bebida captura la esencia vibrante y jugosa de la sandía, perfectamente empaquetada para refrescar tus días de verano. Ideal para disfrutar en cualquier momento, Watermelon Delight es tu compañero perfecto para vivir al máximo la temporada. ¿Listo para un sorbo de verano?"

Ejemplo 2

Una cadena de radio quiere promocionar un nuevo espacio de entretenimiento, orientado al cine y las series, en el que lanzará cada semana un nuevo episodio en formato podcast.

ChatGPT

Para promocionar un nuevo espacio de entretenimiento enfocado en cine y series en una cadena de radio, que lanzará un nuevo episodio semanal en formato podcast, es importante estructurar un plan de acción claro y estratégico en redes sociales como Instagram, TikTok y X (Twitter). Aquí tienes un plan detallado:

Objetivos del Plan de Acción

1. **Aumentar la conciencia de la marca y del nuevo programa**: Informar al público objetivo sobre el nuevo espacio de entretenimiento.

2. **Incrementar la suscripción y escucha de los episodios**: Motivar al público a suscribirse al podcast y escuchar los episodios semanales.

3. **Fomentar la interacción y participación del público**: Incentivar la participación activa del público a través de comentarios, preguntas y sugerencias sobre temas a tratar en el podcast.

4. **Construir una comunidad leal alrededor del programa**: Desarrollar una base de seguidores leales que interactúen regularmente con el contenido publicado en redes sociales y el podcast.

Estrategias de Implementación

Instagram

- **Lanzamiento de la Campaña**: Publicar teasers visuales y audios clips del podcast días antes del lanzamiento de cada episodio, generando expectativa.
- **Stories y IGTV**: Utilizar Instagram Stories para publicar preguntas y respuestas en vivo con los presentadores, y usar IGTV para subir segmentos más largos del podcast o discusiones detrás de cámaras.
- **Instagram Live**: Realizar sesiones en vivo post-episodio para discutir temas tratados, interactuar con la audiencia y responder preguntas en tiempo real.

TikTok

- **Clips Virales**: Crear clips cortos y atractivos de los momentos más interesantes del podcast, utilizando formatos populares y tendencias de TikTok para atraer la atención.
- **Desafíos de Hashtag**: Lanzar desafíos de hashtag relacionados con películas y series discutidas en el podcast para involucrar a la comunidad de TikTok y promover el contenido de manera orgánica.

X (Twitter)

- **Tweets de Promoción:** Publicar tweets regulares que incluyan citas destacadas del último episodio, enlaces al podcast y preguntas para fomentar la discusión.
- **Twitter Spaces:** Organizar espacios en vivo en Twitter donde los presentadores puedan discutir temas de episodios futuros y recibir feedback directo de los seguidores.

Medición del Éxito

- **Análisis de Engagement:** Seguimiento de interacciones, como likes, shares, comentarios y menciones en todas las plataformas.
- **Crecimiento de Seguidores:** Monitorizar el aumento de seguidores en las cuentas de redes sociales relacionadas con el podcast.
- **Datos de Escucha del Podcast:** Evaluar el número de suscriptores y oyentes de los episodios semanales.

Calendario de Implementación

- **Fase Pre-Lanzamiento (1 semana antes):** Activación de teasers y anuncios de cuenta regresiva en todas las plataformas.
- **Lanzamiento y Post-Lanzamiento (Cada semana):** Publicación de contenido relacionado con cada nuevo episodio y realización de actividades en vivo para mantener el engagement y la relevancia del contenido.

Este plan proporciona una hoja de ruta detallada para maximizar el impacto del lanzamiento del nuevo espacio de entretenimiento en cine y series a través de una estrategia integrada de redes sociales. ↓

También, como en el otro ejemplo, se le pide imágenes para usarlas en Instagram, X e incluso en la página web de la empresa. Dicho material es muy atractivo también para enviar a agencias o medios de comunicación si se tiene la posibilidad y el presupuesto.

Texto para Publicación de Twitter

🎬🎧 ¡Nuevo Podcast Alerta!

Cada semana, únete a nosotros para explorar el fascinante mundo de las películas y series desde tu sofá. #Cinephile #NewPodcast #WeeklyEntertainment

👉 Escucha y sumérgete en tus historias favoritas.

🔗 [Enlace al podcast]

ChatGPT

Slogan

"En Sintonía con Tus Favoritos: Cine y Series al Compás de Tu Corazón"

Descripción

Descubre cada semana un mundo de historias que resuenan con tus emociones en nuestro nuevo podcast. Sumérgete en análisis profundos, debates apasionantes y curiosidades sobre tus películas y series predilectas, todo desde la comodidad de tu hogar. Con "En Sintonía con Tus Favoritos," cada episodio es una cita con el cine y la televisión que amas. No te pierdas ni un momento de la magia del entretenimiento.

📽️ **¡Estrenamos Nuevo Podcast!** 🎧

¡Amantes del cine y las series, esto es para vosotros! Únete a nosotros cada semana desde la comodidad de tu sofá y sumérgete en discusiones apasionantes sobre tus películas y series favoritas.

👉 **Disponible cada semana** en todas las plataformas de podcast.

No te pierdas ningún episodio, sigue nuestro perfil para actualizaciones regulares y contenidos exclusivos.

Escucha, disfruta y comparte tu opinión con nosotros!

🔗 Enlace en bio

#Cinephile #SeriesAddict #PodcastLife #MovieNight #SeriesDiscussion #NewPodcastAlert #WeeklyEntertainment #FilmTalk #StreamAndChill

---

[Nombre de la Empresa] se enorgullece en anunciar el lanzamiento de su nuevo podcast, **"En Sintonía con Tus Favoritos"**, una serie semanal dedicada a todos los cinéfilos y aficionados a las series. Este nuevo espacio está diseñado para sumergir a los oyentes en el universo del cine y la televisión, ofreciendo análisis detallados, discusiones enriquecedoras y entrevistas exclusivas con creadores y expertos.

"En Sintonía con Tus Favoritos" se estrenará el [Fecha exacta], y cada episodio promete llevar a los oyentes más allá de la pantalla, explorando no solo las tramas y personajes, sino también las historias detrás de las historias. El podcast estará disponible en todas las principales plataformas de streaming, incluyendo Spotify, Apple Podcasts, y Google Podcasts.

¿Por Qué Escuchar "En Sintonía con Tus Favoritos"?

1. **Contenido Exclusivo:** Acceso a entrevistas exclusivas y discusiones con invitados especiales del mundo del cine y la televisión.

2. **Interactividad:** Oportunidad para que los oyentes participen en debates y envíen sus preguntas y comentarios.

3. **Cobertura Amplia:** Análisis de tanto grandes éxitos como joyas ocultas del cine y las series.

6

CONSIDERACIONES ÉTICAS Y LEGALES

Vista la integración de IA en las empresas en los últimos años y la que se presupone será aún mayor en un futuro, hay que abordar las consideraciones éticas y legales de su uso.

En el capítulo anterior, se ha realizado un primer vistazo sobre la transparencia que deben adoptar las empresas de cara a sus distintos tipos de usos. Todo ello, con la idea de usar la IA, en particular ChatGPT, como un complemento y herramienta que puede ayudar y no como un sustituto que realice todo el trabajo.

Pese a que el resultado de su uso es excepcional y las opciones van creciendo día a día, se plantean una serie de dilemas éticos y legales que se definirán. Además de la protección de datos, algo esencial y primordial a la hora de trabajar con IA, existen varias cuestiones éticas y legales que hay que tener en cuenta. No solo para comprenderlas, también para elaborar las diferentes estrategias en torno a ellas.

Mucha gente que usa la herramienta, sobre todo aquellos que no lo hacen de la forma correcta o que quieren que les haga todo el trabajo, tienen la preocupación de saber qué les ocurrirá si les "pillan". Lo primero que hay que tener claro es que ni ChatGPT ni ninguna herramienta de IA son ilegales y que pueden usarse sin miedo alguno.

Es cuando se abusa de ellas cuando pueden surgir problemas. Dos ejemplos lo definen a la perfección:

▶ Si se elabora una campaña, como los dos ejemplos que se han visto anteriormente, y no se corrige un posible hecho que dé lugar a un malentendido, ya sea social o personal. Es frecuente ya que ChatGPT no conoce las posibles repercusiones que puede ocasionar una publicación y se dedica a elaborar lo que se le pide. Temas de racismo, igualdad o protección de menores, por poner algunos ejemplos, se unen a los más universales como el caso de las guerras o pandemias. La solución es fácil ya que únicamente hay que revisar el contenido que se ha creado.

▶ Otro ejemplo, y que se toman muy en serio, es copiar trabajos, ya sea TFG, TFM e incluso tesis, así como tareas relativamente sencillas de institutos y universidades. Aunque no pueda parecer raro que un estudiante use ChatGPT para elaborar su trabajo, sí lo es que no lo revise y cambie partes añadiendo más hechos o usando su propio vocabulario.

6.1 PRINCIPALES DILEMAS ÉTICOS Y LEGALES DE CHATGPT

Usar ChatGPT no es algo malo ni por lo que merece una persona ser juzgada, como muchos creen. Es una herramienta muy útil, aunque poco valorada por cierta gente o sectores. Desde que la tecnología se ha asentado en nuestra rutina, los distintos programas y opciones, que hoy consideramos esenciales, también recorrieron este camino. Si somos objetivos y echamos un vistazo en el día a día, la gente escribe sus textos con Word (u otro software de tratamiento de textos) o ve los tráilers y videoclips en YouTube a la hora que quiera. Cosas impensables hace no tantos años que se han asentado como algo rutinario. ¿Por qué ChatGPT no puede ser así?

Aunque parecido, es un paso más complicado. Comparar una herramienta que la persona ejecuta por otra que intenta sustituirla siempre es más complicado. Eso, unido al pensamiento de la gente de que las tecnologías de ChatGPT están mal vistas, hacen que la IA aún no esté asentada como debiera.

El mejor ejemplo es uno mismo. Si escribes un correo electrónico por un asunto importante para ti, ¿prefieres estar con la incertidumbre de saber si has escrito la dirección bien y mandado ese correo o que te llegue una respuesta de verificación de llegada del correo? O a la hora de resolver una duda fuera del horario laboral, ¿es mejor que te presenten la solución en el mismo momento de la consulta?

Todo ello sin mencionar los enormes beneficios que tiene la IA en diferentes campos de trabajo. Al igual que la digitalización, permite ahorrar mucho tiempo y recursos, por lo que su uso debería ser un trámite y no una evaluación continua.

Por ello, se van a establecer los principales dilemas éticos y legales que aparecen en el uso de ChatGPT.

▶ **Privacidad y seguridad de los datos**: al trabajar con tantos datos, es entendible la preocupación por cómo trata ChatGPT toda esa información. ¿Puede haber algún peligro de que se compartan o sean vulnerables? Por desgracia, la respuesta es sí. Por eso, la herramienta tiene que ser entrenada y perfeccionada para que su uso sea lo más seguro posible y los usuarios no tengan ningún miedo de compartir sus datos con la empresa. Entrenar los posibles fallos, así como las posibles brechas de seguridad se antoja indispensable para el perfecto funcionamiento de ChatGPT.

- **Sesgo algorítmico**: antes de definir el punto, es necesario definir qué es un sesgo algorítmico. Se refiere a la tendencia de las IA de dar respuestas erróneas o indebidas debido a los datos con los que han sido entrenadas. El peligro reside cuando contienen prejuicios sociales o culturales ya que puede emitir respuestas discriminatorias o tomar decisiones que pueden considerarse subjetivas. Es fundamental encontrar estos posibles errores en el proceso de entrenamiento y solucionarlas de forma primordial. Un sistema de IA debería ser objetivo, justo y preciso, a no ser que esté diseñado así para otro tipo de contenido

 Todos los modelos de IA, entre los que se incluye ChatGPT, pueden verse afectados por estos sesgos, siendo un peligro para su imagen de cara a sus usuarios.

- **Transparencia**: ChatGPT genera respuestas de manera automatizada, lo que puede dificultar la comprensión del resultado de una determinada respuesta. Muchos usuarios pueden plantearse la pregunta de cómo llegan a esas conclusiones y esa toma de decisiones, sobre todo cuando el tema es personal o sensible.

- **Responsabilidad**: cuando ChatGPT comete errores o proporciona respuestas inapropiadas, que puede pasar más a menudo de lo que la gente cree, surge la cuestión de quién es responsable de las consecuencias. Si no se supervisa el contenido o no han sido verificados los distintos programas de entrenamiento, no se puede echar la culpa a la IA. A día de hoy, la única responsabilidad es del ser humano, por lo que será la persona encargada, o el equipo si es más de una, los únicos responsables.

- **Uso ético de la tecnología**: muchos se preguntan si la IA es capaz de sustituir en muchas funciones al ser humano. La solución no radica en esperar a ver qué ocurre y sí en adaptarse a las nuevas tecnologías y usarlas como complemento. Negar su existencia o su validez sería dar un paso atrás en un mundo que se dirige de lleno a ella. Y abordar el tema con la mayor profesionalidad y ética es lo mínimo para una buena convivencia. La IA ha venido para quedarse, por lo que cuanto antes nos acostumbremos a ella, antes la sabremos usar mejor.

Abordar estos dilemas éticos y legales es fundamental para garantizar un uso ético y responsable de ChatGPT en el ámbito empresarial y más amplio. Un compromiso continuo y serio de la marca es fundamental para conseguir acabar con todos los dilemas éticos y legales que conlleva el uso de ChatGPT.

6.2 IMPLICACIONES ÉTICAS DE LA GENERACIÓN DE TEXTO AUTÓNOMA

A la hora de escribir con modelos de generación de texto como ChatGPT, también se plantean otras implicaciones éticas desde el punto de vista profesional. Cuidarlas y ser transparente en ellas es también fundamental en el devenir de la empresa y, por ende, en mantener y conseguir la confianza de los usuarios.

▶ **Autenticidad del contenido**: a la hora de elaborar cualquier contenido, es preciso que sea lícito y verídico. No sirve de nada poner a trabajar a ChatGPT y que elabore la información sin añadir filtros o sin que sea precisa. En todo caso, es importante señalar si la producción de dicho contenido proviene de una IA. Aunque se piense que es algo malo, es lo contrario ya que indica transparencia. Es necesario tener claro que ChatGPT es una herramienta funcional y que es usada para mejorar la experiencia de trabajo y comunicación con el cliente.

▶ **Responsabilidad editorial**: con la generación automática de texto, surge la pregunta de quién es responsable del contenido generado. Mencionado en el anterior punto, no hay que echar balones fuera y establecer a una o varias personas que sean responsables del contenido producido. Obviamente, no se puede adjudicar la autoría de, por ejemplo, un texto a alguien que lo único que ha hecho es supervisar lo que ha establecido ChatGPT. En el caso de que sirva como guía o ayuda, sí se puede hacer mencionando a la herramienta. La labor de estas personas tampoco puede pasar desapercibida y se puede nombrar como supervisor.

Texto generado por ChatGPT Supervisado por XX

Si se le pregunta a ChatGPT, así es cómo aconseja que se mencione esta información.

Texto original creado por ChatGPT, modificado por [Nombre de la Persona, XX].

O si es en un contexto más formal o académico, podrías incluir una nota al pie o una referencia bibliográfica que especifique el origen y las modificaciones del texto:

1. ChatGPT. "Título del Texto" (generado originalmente el [Fecha]), modificado por XX, [Fecha de modificación].

Esta manera de citar ayuda a clarificar la autoría y la contribución de cada parte, manteniendo la transparencia sobre el uso de herramientas de inteligencia artificial y la intervención humana.

Aunque muchas empresas tengan la excusa de que el contenido es elaborado por el "grupo" o la "redacción", no es conveniente obviar el uso de la herramienta. Vale más el hecho de estar seguro y citar todas las herramientas que han elaborado esa información y contenido que exponerse a críticas, tanto por un contenido erróneo como por adjudicarse una información que no es propia.

▶ **Impacto en la industria de medios de comunicación**: y con ChatGPT, ¿la producción y el empleo relacionado con la creación de contenido disminuirá? Es cierto que muchas empresas buscan la forma de ahorrarse todo el dinero posible y confían más en lo que sale barato que en la producción humana. Como resultado, obtendremos un texto lineal y que sigue las mismas pautas, perdiendo el toque humano que hace interesante y única la información. La calidad debería destacar sobre todo, pero la realidad es que muchas funciones ya están siendo sustituidas. Un ejemplo hará ver las cosas de distinto modo. Una IA puede crear una novela, bien estructurada y ortográficamente correcta. Incluso se puede leer y que la obra guste. Pero si se repitiera esto una y otra vez, se acabarían viendo las limitaciones, perdiendo el valor único del cerebro humano. Y en esa dosis de locura que añade un escritor es donde se encuentra la diferencia. Aunque ya se está entrenando a la IA para que pueda elaborar el contenido de esta forma tan especial, siempre habrá un factor diferencial.

Un momento. **¿Puede ChatGPT elaborar novelas?** La respuesta está clara y puede crear cualquier contenido que creas. Le hemos pedido que elabore la sinopsis de una novela algo especial, a ver qué te parece.

Muchas empresas, así como particulares, ya sean autores o cualquier otro artista, buscan y, a veces, encuentran su inspiración a través de ChatGPT. Una herramienta complementaria que puede ayudar a encontrar ideas sobre creación de texto, imágenes y vídeos. Es necesario expandir las opciones ya que, si puede ayudar para elaborar la sinopsis de una novela, ¿por qué no para hacer la portada?

ChatGPT

Título: La Última Palabra

Sinopsis:

En una ciudad vibrante pero ensombrecida por crímenes enigmáticos, la detective Elena Morales enfrenta su caso más desafiante. Un asesino, el escritor de misterio Adrian Voss, utiliza la inteligencia artificial ChatGPT para orquestar asesinatos perfectos que imitan escenarios literarios famosos, dejando pistas que solo un conocedor de literatura podría resolver.

Cada crimen es una obra maestra macabra que representa una pieza literaria, retando a las autoridades a capturarlo mientras se oculta detrás de su genio creativo. Elena descubre que las víctimas — críticos y rivales literarios — tienen en común haber menospreciado las obras de Adrian, revelando un motivo profundamen↓ ersonal.

Conforme Elena se adentra en el mundo literario y digital de Adrian, se enfrenta a preguntas sobre la ética de la inteligencia artificial y el poder destructivo de las palabras. En la persecución final, una última revelación literaria determinará el destino de ambos, en un clímax que desafía los límites de la justicia y la moralidad. "La Última Palabra" es un thriller que combina suspense tradicional con dilemas contemporáneos, explorando cuán profundamente puede la tecnología entender e influenciar el alma humana.

Como se observa, la historia es entretenida y ofrece a unos personajes llenos de carisma y digna de cualquier autor del género. Al igual que en este ejemplo, se puede solicitar que cree el primer capítulo y así con los siguientes.

El ejemplo de la portada es aún más espectacular, capaz de recrear en segundos una portada llamativa y fiel a la sinopsis presentada. Todo esto, son ejemplos del contenido que es capaz de crear ChatGPT. La clave está en encontrar lo que se busca y no conformarse con lo primero que genere.

En el ejemplo de la sinopsis de la novela, se ha encontrado con un fallo que, pese a que no es muy significativo, si ha llamado la atención. Uno de los personajes principales es una mujer. Se observa que en el primer intento escribe "el detective Elena…" mientras que en el segundo ya lo corrige como "la detective Elena…".

El protagonista, el detective veterano Elena Morales, es conocida por su habilidad para desentrañar los misterios más complejos. Sin embargo, esta vez se enfrenta a un reto que pone a prueba no solo su habilidad deductiva, sino también su comprensión de la tecnología moderna. La clave del misterio parece residir en las complejas interacciones entre el asesino y ChatGPT, una herramienta de inteligencia artificial diseñada para entender y generar texto humano.

En una ciudad vibrante pero ensombrecida por crímenes enigmáticos, la detective Elena Morales enfrenta su caso más desafiante. Un asesino, el escritor de misterio Adrian Voss, utiliza la inteligencia artificial ChatGPT para orquestar asesinatos perfectos que imitan escenarios literarios famosos, dejando pistas que solo un conocedor de literatura podría resolver.

▶ **Manipulación de la opinión pública**: en el otro lado, también se encuentran las empresas y personas que puedan usar estas herramientas para dar información falsa e influir en la opinión pública. Toda herramienta que sea poderosa, lo es para un lado y para otro. Desviar la cabeza a un lado solo indicará pasividad y dejadez, por lo que es necesario denunciar todos los actos en que se use ChatGPT para manipular la información e influir sobre la opinión de una forma errónea.

▶ **Pobreza del contenido**: la calidad del texto es algo innegociable para toda empresa, sin importar a qué se dedique o cuál sea su especialidad. El ejemplo de las redes sociales y el crecimiento de las empresas que las usan para presentar sus productos o destacar cualquier tipo de información debería ser un espejo en el que mirarse. Un negocio que no trata a la comunicación ni a la calidad informativa de la forma en que merece acabará por desaparecer o, si tiene suerte, por mantenerse, pero sin evolucionar. Es necesario ser consciente de las limitaciones de ChatGPT y tener claro que la calidad no va a ser nunca excepcional. En un ejemplo del libro, se ha destacado la importancia de la seguridad de los datos de los usuarios en varios puntos para enfocar su importancia, tanto de forma legal como para la confianza que muestren en la empresa. Este contenido se ha elaborado así de forma pensada y, más o menos, lógica. Un creador de lenguaje, si le pides que elabore diferentes puntos, no lo diferencia y puede incluirlo en todos los capítulos, a no ser que lo especifiques.

¿Cuál es la mejor forma de pedir el contenido a ChatGPT? Para que nos dé el contenido mejor adaptado, es necesario que se solicite de la forma más explícita y con todos los detalles necesarios para que sea más completo y exacto. Si no, lo producido será muy general y podría producir algo alejado de lo pretendido. A continuación, se van a presentar algunos ejemplos para ver la diferencia entre la forma de plantear la solicitud.

Ejemplo

Información de la audiencia y estrategia de una empresa para un nuevo producto, en este caso un helado con sabor a natillas.

Solicitud de información básica

> Elabora información de la audiencia y estrategia para un nuevo helado de una empresa con sabor a natillas

> Para lanzar un nuevo producto como un helado de sabor a natillas, es crucial entender bien tanto la audiencia objetivo como la estrategia de marketing adecuada. Aquí te detallo un enfoque estructurado:

Audiencia Objetivo

1. Demografía:

- **Edad:** El helado de natillas podría atraer a un rango de edad amplio, pero podría ser especialmente popular entre adultos mayores que valoran sabores tradicionales y reconfortantes.
- **Género:** Generalmente, el helado es consumido por todos los géneros, aunque podrías ajustar el marketing para resonar de manera específica según el género.
- **Ingresos:** Considera a consumidores de clase media y alta que puedan estar dispuestos a pagar un poco más por un helado gourmet o artesanal.

2. Psicografía:

- **Valores:** Personas que valoran la calidad, la tradición y la autenticidad en los productos que consumen.
- **Estilo de vida:** Individuos que disfrutan de pequeños placeres y momentos de indulgencia, probablemente como un postre especial o una merienda en el hogar.

3. Geografía:

- **Áreas urbanas y suburbanas:** Focaliza en ciudades con acceso a supermercados y tiendas gourmet donde se pueden realizar distribuciones selectivas.

4. Comportamiento de compra:

- **Frecuencia de compra y lealtad a la marca:** Identifica si la audiencia es leal a ciertas marcas o si prefieren experimentar con nuevos sabores y productos.

3. Canales de Distribución:

- **Supermercados Gourmet:** Introduce el producto en secciones de congelados de tiendas de alta gama.
- **Venta Online:** Ofrece la opción de compra online con entrega a domicilio para atraer a consumidores tecnológicamente adeptos y que buscan conveniencia.

4. Precio:

- **Estrategia de Precios Premium:** Establece un precio ligeramente superior al promedio para reflejar la alta calidad y el posicionamiento gourmet del producto.

5. Análisis Competitivo:

- **Investiga competidores:** Comprende lo que otros productos similares ofrecen y cómo se posicionan en el mercado. Utiliza esta información para destacar lo que hace único a tu helado de natillas.

Implementar estas tácticas requiere una combinación de investigación de mercado, pruebas de producto y ajustes constantes basados en el feedback del consumidor y el desempeño del producto en el mercado.

Estrategia de Marketing

1. **Posicionamiento del Producto:**
   - **Calidad y Autenticidad:** Destaca la calidad de las natillas y cómo este sabor evoca nostalgia o recuerdos de postres caseros.
   - **Innovación:** Mientras que el sabor a natillas puede ser tradicional, la presentación como helado lo convierte en una innovación tentadora.
2. **Estrategia de Promoción:**
   - **Publicidad Digital:** Utiliza redes sociales y publicidad en línea para llegar a un público más amplio, incluyendo videos y fotos atractivas del producto.
   - **Marketing de Influencia:** Colabora con influencers gastronómicos para que prueben y recomienden el helado.
   - **Eventos y Degustaciones:** Organiza eventos en áreas clave para degustaciones gratuitas, potencialmente en colaboración con cafeterías o restaurantes locales.
3. **Canales de Distribución:**
   - **Supermercados Gourmet:** Introduce el producto en secciones de congelados de tiendas de alta gama.
   - **Venta Online:** Ofrece la opción de compra online con entrega a domicilio para atraer a consumidores tecnológicamente adeptos y que buscan conveniencia.

También se le solicita la creación de una imagen para la campaña de redes sociales, en concreto para Instagram.

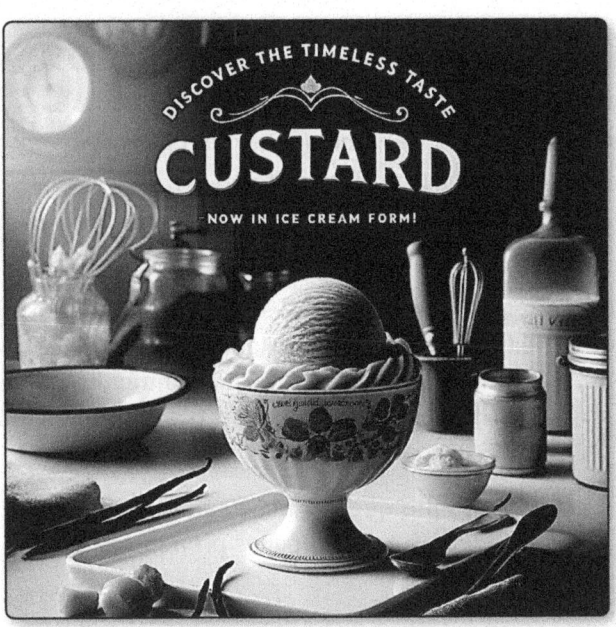

Solicitud de información más detallada.

Elabora información de la audiencia y estrategia para un nuevo helado de una empresa con sabor a natillas. El objetivo es resaltar este nuevo sabor, que llame la atención a un público comprendido entre los 25 y 50 años y como una estrategia en redes sociales que incorpore la colaboración de un influencia famoso.

Para lanzar con éxito el helado de sabor a natillas dirigido a un público de entre 25 y 50 años, debemos crear una estrategia de marketing en redes sociales bien definida que incluya la colaboración con un influencer famoso. Aquí te detallo cómo podríamos estructurar la audiencia objetivo y la estrategia de marketing:

Audiencia Objetivo

1. **Demografía:**
- **Edad:** Adultos jóvenes a maduros, de 25 a 50 años.
- **Género:** Neutral, enfocándonos en intereses más que en género específico.
- **Ingresos:** Clase media y media-alta, con disposición a gastar en productos premium.
2. **Psicografía:**
- **Preferencias:** Interés en productos gourmet y artesanales, tendencia a valorar la calidad sobre el precio.
- **Estilo de vida:** Profesionales ocupados que buscan indulgencias y momentos de pausa en sus rutinas.
- **Valores:** Inclinación hacia marcas que promueven prácticas sostenibles y responsables.
3. **Comportamiento de compra:**
- **Hábitos de consumo:** Gusto por probar nuevos sabores y productos, especialmente aquellos recomendados por influenc↓ expertos.
- **Lealtad a la marca:** Potencialmente alta si el producto cumple o supera las expectativas.

Al añadir información con más detalles, ChatGPT elabora la información de forma más precisa ya adaptada a lo que solicitamos. Si es cierto, que, si se pide de forma más genérica, elaborará el plan y la estrategia centrándose en lo que considere más importante. Recordad que el usuario siempre tiene la intención de solicitar el cambio de algún punto o estrategia que desee cambiar.

Al señalar en este ejemplo que se quiere usar a un *influencer*, se elabora la estrategia basada en esta imagen y con campañas pronunciadas en redes sociales.

Estrategia de Marketing

1. **Posicionamiento del Producto:**

- Resaltar la calidad y el sabor único de las natillas, ofreciendo una experiencia nostálgica pero con un toque moderno.

2. **Estrategia de Promoción:**

- **Campaña con Influencers:** Colaborar con un influencer culinario o de estilo de vida que tenga una fuerte presencia en redes sociales y credibilidad entre los adultos jóvenes y de mediana edad.

- **Contenido de Valor:** Crear contenido que no solo muestre el producto, sino que también ofrezca recetas, ideas de maridajes (por ejemplo, con postres o café), y momentos ideales para disfrutar del helado.

- **Historias y Testimonios:** Utilizar historias reales de consumidores que resalten experiencias personales con el producto.

3. **Canales de Distribución:**

- **Redes Sociales:** Focalización en Instagram y Facebook, donde el grupo de edad objetivo es más activo. Implementación de campañas de anuncios pagados dirigidos y uso de Instagram Stories para promociones rápidas y eficaces.

- **Puntos de Venta:** Promover el producto en tiendas selectas y espacios gourmet donde el público objetivo suele comprar.

3. **Canales de Distribución:**

- **Redes Sociales:** Focalización en Instagram y Facebook, donde el grupo de edad objetivo es más activo. Implementación de campañas de anuncios pagados dirigidos y uso de Instagram Stories para promociones rápidas y eficaces.

- **Puntos de Venta:** Promover el producto en tiendas selectas y espacios gourmet donde el público objetivo suele comprar.

4. **Eventos y Activaciones:**

- **Eventos de Lanzamiento:** Organizar eventos de degustación en ciudades clave, donde el influencer pueda hacer apariciones y promover el producto directamente.

5. **Seguimiento y Análisis:**

- Monitorizar el alcance y la eficacia de las campañas en redes, ajustando las tácticas según las métricas de rendimiento y feedback del público.

Al diseñar estas estrategias y ajustarlas de acuerdo con las reacciones y la interacción del público objetivo, la empresa puede maximizar el impacto de su nuevo producto en el mercado y fomentar una conexión duradera con los consumidores.

6.3 CUMPLIMIENTO DE REGULACIONES Y POLÍTICAS DE PRIVACIDAD EN EL USO DE CHATGPT EN REDES SOCIALES

El uso de ChatGPT en redes sociales plantea importantes consideraciones legales y de privacidad que las empresas deben abordar para garantizar el cumplimiento de las regulaciones y políticas aplicables. Aunque estos supuestos también valen para cualquier ámbito y no solo en redes sociales, por lo que es importante destacar su importancia.

▶ **Regulaciones de protección de datos**: las empresas deben cumplir con las regulaciones de protección de datos, como el Reglamento General de Protección de Datos (GDPR) en la Unión Europea o la Ley de Privacidad del Consumidor de California (CCPA) en los Estados Unidos. Esto incluye obtener el consentimiento adecuado de los usuarios para recopilar y procesar sus datos, así como garantizar la seguridad y la integridad de la información personal recopilada. Un uso incorrecto o fraudulento de los datos puede desembocar en graves acciones en contra de la empresa, por lo que es fundamental contrastar la información que elabora la IA.

 ## La Ley de Privacidad del Consumidor de California

(CCPA por sus siglas en inglés) Oficialmente conocida como la Ley de Privacidad del Consumidor de California de 2018, entró en vigor el 1 de enero de 2020 en California (Estados Unidos). La CCPA establece derechos de privacidad para los residentes de California y requisitos para las empresas que recopilan y procesan datos personales de estos residentes. Con esta ley, los consumidores de California tienen una serie de derechos con sus datos, teniendo un mayor control sobre ellos. Las empresas están obligadas u ofrecer información sobre la recopilación, uso o venta de la información de cada individuo. En caso de que no se respeten, tienen la opción de interponer demandas, tanto a nivel individual como colectivo.

 ## El Reglamento General de Protección de Datos

(GDPR por sus siglas en inglés) Es una regulación de la Unión Europea que entró en vigor el 25 de mayo de 2018. El GDPR establece normas para la protección de datos personales y la privacidad de los ciudadanos de la UE, así como para la transferencia de datos personales fuera de la UE y del Espacio Económico Europeo (EEE). Estas normas se aplican a todas las empresas que procesan datos de ciudadanos de la UE, por lo que también están incluidas las empresas que operen fuera del ámbito europeo. Los individuos pueden acceder a sus datos, modificarlos o eliminarlos si lo creen oportuno, por lo que las empresas siempre tienen que tener esta opción disponible. La transparencia en los datos, así como la confidencialidad son dos términos que se deben cumplir sin ninguna discusión. Para asegurar su cumplimiento, las sanciones son muy duras, estableciéndose desde el 4% del volumen de negocios anual global de una empresa hasta 20 millones de euros. De esta forma, se consigue que todas las empresas se tomen en serio los datos de los usuarios y no se arriesguen a una sanción ejemplar.

▼ **Transparencia y divulgación**: las empresas deben ser claras y transparentes sobre el uso de ChatGPT en sus redes sociales y proporcionar a los usuarios información clara y accesible sobre sus usos y características. Añadir una página de información de cómo van a tratarse sus datos, así como la política de privacidad de la empresa son necesarias para que ningún usuario tenga problema en compartir su información. Debe estar escrito de forma que se entienda y que ayude a las dos partes.

▼ **Seguridad de los datos**: ante el aviso de posibles multas, así como para mantener la confianza del cliente, las empresas deben implementar medidas adecuadas para proteger la información de los datos recopilada y procesada a través de ChatGPT. Además de varios controles de seguridad, está incluido el uso indebido de la información, la gestión de los perfiles y el acceso no autorizado de personas o webs que intentan recopilar los datos de cualquier forma.

▶ **Eliminación de datos**: la información facilitada debe ser recopilada y eliminada durante el tiempo necesario, prescindiendo de ella en el momento adecuado. Con esto, disminuye el riesgo de robo y aumenta la privacidad de los usuarios.

▶ **Supervisión**: aunque muchas empresas lo hagan, no vale almacenar los datos y dejarlos en la base de datos sin ningún control. Para ello, las empresas deben realizar auditorías periódicas y supervisar el uso de ChatGPT en redes sociales para garantizar el cumplimiento continuo de las regulaciones y políticas de privacidad. Incluye el procesamiento de datos, la evaluación de los distintos peligros y la implantación de medidas si la situación lo requiere.

Una vez conseguidos los datos del usuario, es necesario regular y asegurar la protección de los datos para un uso correcto de ChatGPT. Esto se debe cumplir en todos los sectores, no solo en las redes sociales. Con el cumplimiento del tratamiento de la información no sólo se logrará transparencia, sino que se conseguirá la confianza de los clientes al tratar los datos de forma privada y gestionada. Además de no exponerse a las distintas sanciones que puede llevar el uso incorrecto.

Las diferentes sanciones por no cumplir la Ley de protección de datos son las siguientes:

Sanciones que determina la LOPD de acuerdo al tipo de infracción

Las **multas en protección de datos** en la LOPD se dividen en:

- Sanción por **infracciones leves: Hasta 40.000** euros.
- Sanción por **infracciones graves: de 40.001 euros a 300.000** euros.
- Sanción **por infracciones muy graves: de 300.001 euros a 20 millones** de euros o el 4% volumen de facturación anual (la cuantía que resulte superior).

Imagen del sitio web Grupo Atico34

7

FUTURO DE CHATGPT EN LAS REDES SOCIALES

¿Seguirán los programas de lenguaje presentes en las redes sociales de la empresa en un futuro? La respuesta no sólo se queda en el sí, sino que se puede asegurar que su papel va en aumento y su presencia se multiplicará. La IA no está de paso y se asentará en muchas facetas de la sociedad. Su crecimiento se prevé que sea a gran escala. Y no a medio o largo plazo, sino que irá evolucionando a un ritmo frenético.

Su uso en las redes sociales ha originado una revolución en la forma de comunicarse y compartir, tanto en el papel de las empresas como en el de los usuarios.

Las posibilidades de estos modelos, en concreto de ChatGPT, son ilimitadas y en el futuro se espera un mayor uso y responsabilidad en las políticas de las empresas. En pocos años, se ha pasado de escribir una carta a la empresa, pasando por el correo electrónico, hasta ser una propia IA la que solucione los problemas o ayude al consumidor.

La atención en línea 24 horas y 7 días a la semana es algo que ya se ve normal. Mediante las técnicas ya vistas (chat, confirmación de recepción de mensajes, chatbots) se trabaja para que la experiencia en línea sea cada día mejor y sean cada vez menos las veces que un ser humano tiene que solucionar el problema.

Preguntemos a ChatGPT sobre el papel de las redes sociales en las empresas en el futuro:

 **Texto generado por ChatGPT sin corregir**

El papel de las redes sociales en las empresas continuará evolucionando y expandiéndose en el futuro, desempeñando un papel central en múltiples aspectos de la gestión empresarial, la estrategia de marketing, el servicio al cliente y la generación de ventas. Aquí te detallo cómo las redes sociales influirán en las empresas en el futuro desde varias perspectivas:

1. **Marketing y branding**

    Las redes sociales seguirán siendo herramientas esenciales para el marketing y el branding. Permitirán a las empresas:

    - **Personalizar la Experiencia**: con el avance de las tecnologías de inteligencia artificial y análisis de datos, las empresas podrán ofrecer experiencias altamente personalizadas a sus clientes, mejorando la segmentación y la personalización de los mensajes publicitarios.

    - **Contenido visual y de realidad aumentada**: el uso de contenido interactivo y de realidad aumentada se volverá más común, ofreciendo experiencias inmersivas que pueden mejorar la percepción de la marca y aumentar el compromiso del usuario.

    - *Influencer* **marketing**: el marketing de *influencers* seguirá creciendo, ya que las marcas buscan autenticidad y una conexión más profunda con sus audiencias. La colaboración con micro y nano-*influencers* podría intensificarse, abarcando nichos específicos de mercado.

2. **Ventas y comercio electrónico**

    Las plataformas de redes sociales se están convirtiendo en importantes canales de ventas directas gracias a características como los botones de compra y las tiendas integradas. Esto se expandirá aún más:

    - **Social commerce**: continuará su expansión, permitiendo a las empresas vender productos directamente a través de plataformas sociales. Esto incluye el uso de chatbots para automatizar respuestas y procesar transacciones.

    - **Experiencias de compra integradas**: las plataformas de redes sociales podrían integrar más funcionalidades de IA para ofrecer recomendaciones personalizadas basadas en el comportamiento de navegación y compra.

3. **Servicio al cliente**

Las redes sociales como herramienta de servicio al cliente se expandirán en funcionalidades:

- **Atención al cliente en tiempo real**: las expectativas de servicio al cliente en tiempo real seguirán creciendo. Las redes sociales permitirán a las empresas ofrecer soporte 24/7 a través de automatización y chatbots.

- **Feedback y mejora continua**: las plataformas sociales ofrecen un medio para obtener retroalimentación instantánea de los clientes, lo que es crucial para la mejora continua del producto y el servicio.

4. **Gestión de la reputación**

La gestión de la reputación en línea será aún más crítica, ya que:

- **Monitoreo y gestión de crisis**: las empresas deberán invertir en herramientas y estrategias para monitorear lo que se dice sobre ellas en línea y responder rápidamente a cualquier crisis potencial de reputación.

- **Transparencia y Confianza**: las redes sociales obligarán a las empresas a ser más transparentes y éticas en sus operaciones, dado que cualquier paso en falso se puede amplificar rápidamente.

5. **Colaboración y Trabajo Remoto**

Con más herramientas colaborativas integradas en las plataformas sociales, estas pueden facilitar la comunicación y la colaboración entre empleados, especialmente en entornos de trabajo remoto o globalizados.

6. **Sostenibilidad y responsabilidad social**

Las redes sociales continuarán siendo plataformas donde las empresas pueden comunicar sus esfuerzos de sostenibilidad y responsabilidad social, un aspecto cada vez más importante para los consumidores, especialmente las generaciones más jóvenes.

En conclusión, el futuro de las redes sociales en las empresas será más integral, tecnológicamente avanzado y crucial para múltiples funciones empresariales. Esto requerirá que las empresas sean más proactivas, estratégicas y adaptativas en su uso de estas plataformas para mantener la competitividad y la relevancia en un mercado digital en constante evolución.

7.1 TENDENCIAS EMERGENTES EN LA APLICACIÓN DE CHATGPT EN REDES SOCIALES

Pese a que los modelos de lenguaje como ChatGPT llevan ya muchos años en uso, no ha sido hasta ahora cuando más fama y conocimiento han tenido. Más que a nivel profesional, su uso ha crecido en el ciudadano medio, aquel que usa la IA con carácter social o de entretenimiento. Si bien es cierto que su uso se ha multiplicado a la hora de elaborar trabajos o proyectos en centros educativos, se usaba con regularidad en muchas empresas.

ChatGPT está en continua evolución y hay nuevas tendencias que desarrollan y marcan el futuro del programa y que ayudan a mejorar la forma de comunicarnos y a compartir los datos sin ningún temor.

▶ **Personalización avanzada**: con el avance de ChatGPT, las plataformas de redes sociales están adoptando enfoques más personalizados para interactuar con los usuarios. Mejora la experiencia y las opciones del usuario al corregirse fallos a la hora de generar respuestas, contenidos y comunicarse. Pese a que se ofrece un servicio formal, muchas empresas aún no solucionan el problema del usuario (a no ser que sea algo básico y aparezca en preguntas/respuestas). El objetivo a corto/medio plazo es poder generar solución la mayoría de las veces, sin necesidad de recurrir al ser humano.

Se va a observar un ejemplo de preguntas y respuestas a una empresa en una red social sobre su nueva colección EcoChic! de ropa 100% reciclada.

" 🌿 ✨ ¡Descubre nuestra nueva colección EcoChic! Ropa que no solo te hace ver bien, sino que también te hace sentir bien. Cada pieza está diseñada con materiales 100% reciclados, reduciendo nuestro impacto en el planeta. ¿Listo para vestir el cambio? 🌍 ♥ #ModaSostenible #EcoChic #RopaReciclada"

Respuestas a Comentarios Utilizando ChatGPT

Comentario de Usuario 1: "¡Me encanta la iniciativa! ¿De qué materiales están hechas las prendas?"

Respuesta de ChatGPT:

"¡Gracias por tu interés! Nuestra nueva colección EcoChic está hecha de materiales reciclados, incluyendo plástico recuperado del océano y tela de algodón reciclado. Estamos comprometidos con la moda sostenible y tu apoyo significa mucho para nosotros. 🐢 🌿 "

Comentario de Usuario 2: "¿Tienen opciones en tallas grandes?"

Respuesta de ChatGPT:

"¡Sí! Creemos en la moda inclusiva, por eso ofrecemos nuestra colección EcoChic desde la talla XS hasta la XXL. Todos merecen sentirse cómodos y estilosos con sostenibilidad. Echa un vistazo en nuestro enlace en bio para ver todas las opciones. 👗 🌍 "

Comentario de Usuario 3: "¿Cómo puedo saber más sobre cómo cuidar estas prendas?"

Respuesta de ChatGPT:

"Gran pregunta. Cuidar correctamente tus prendas les dará una vida más larga. Te recomendamos lavarlas en agua fría y secarlas al aire libre. También tenemos una guía detallada sobre el cuidado de nuestras prendas en nuestro sitio web. ¡Proteger tus prendas significa proteger el planeta! 🌍 💧 "

Comentario de Usuario 4: "¿Hacen envíos internacionales?"

Respuesta de ChatGPT:

"Sí, hacemos envíos internacionales para que todos puedan disfrutar de nuestra moda sostenible. Visita nuestro sitio web y elige tu país en la sección de envíos para más detalles sobre costos y tiempos de entrega. ¡Esperamos que te unas a nuestro movimiento global! 🌐 ✈ "

▶ **Asistencia y soporte al cliente:** la mayoría de las empresas, al menos las más importantes, usan ChatGPT en redes sociales para proporcionar asistencia y soporte al cliente de manera eficiente y adaptada. Desde responder preguntas frecuentes como se ha visto hasta resolver problemas técnicos, ChatGPT puede atender una variedad de tareas de servicio al cliente, dejando los casos más complejos al ser humano. También hay que tener cuidado en este punto ya que muchos clientes buscarán la forma de aprovecharse. Por ejemplo, en cualquier app de servicio de comida, al escribir sobre un problema con el servicio, como que la comida llegó fría, no llegó algún producto u otra excusa, saben que en muchas ocasiones se les hace un reembolso sin que la empresa cerciore esta información. Pese a que es más cómodo para las empresas, se deberían de mejorar este tipo de detalles para un mejor y correcto uso en un futuro de la herramienta.

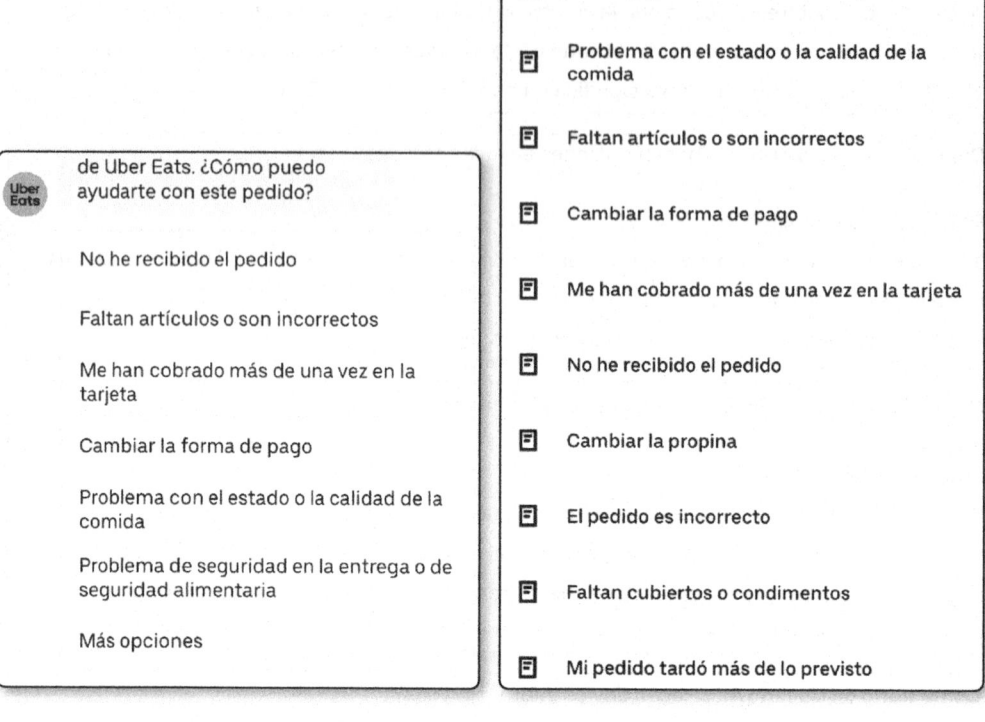

Ejemplos de ayuda en un pedido de Uber Eats.

▶ **Apoyo y creación de contenido**: ChatGPT está siendo utilizado para facilitar la colaboración entre usuarios en redes sociales, desde la generación de ideas para contenido hasta la creación de proyectos creativos. Esto permite una mayor participación y compromiso entre los usuarios, fomentando comunidades más dinámicas y activas en línea. Las empresas deben tomar muy en cuenta las ideas y opiniones de los usuarios y centrar su crecimiento a través de los consejos de los mismo, siempre que sean lógicos y factibles.

▶ **Filtrado y moderación de contenido**: la capacidad de ChatGPT para comprender el contexto y el tono del contenido está siendo aprovechada para filtrar y moderar contenido inapropiado en las redes sociales. Esto ayuda a mantener un entorno en línea seguro y respetuoso, protegiendo a los usuarios de contenido dañino o engañoso. Los insultos o las faltas de respeto han de desaparecer de la sociedad y a través de las redes sociales se debe desarrollar el primer paso. Sí que es cierto que, en ocasiones, los modelos de lenguaje son demasiado correctos y las respuestas tienen un enfoque demasiado serio. Lo hagan en un futuro o no, lo lógico es pensar que la IA no adaptará formas de pensamiento y de actuar humanas. Porque ese es el factor que nos diferencia. Aunque todo puede pasar, es complicado imaginarse a una IA quejándose por tener que levantarse, prepararse un café e ir apurado porque el transporte público no llega a la hora. La IA tiene el objetivo de ser un tipo de pensamiento perfecto, siendo la imperfección perfecta un rasgo fundamental del ser humano.

▶ **Educación y aprendizaje**: precisamente, esa perfección mencionada, permite respuesta para una gran amplitud de preguntas. Un punto que facilita la información y el aprendizaje continuo de los usuarios. Vamos a ver un ejemplo. Jugar al Trivial con ChatGPT no parece una buena idea.

Tú

En un avión Madrid-París que sufre un accidente en los Pirineos, ¿dónde entierran a los supervivientes?

✎

ChatGPT

¡Esa es una pregunta clásica de trampa! No se entierran a los supervivientes. ¿Tienes otra pregunta para seguir jugando?

Tú

¿Quién fue el inventor del teléfono?

ChatGPT

El inventor del teléfono fue Alexander Graham Bell. Recibió la patente por el invento en 1876. ¿Listo para la próxima pregunta?

Tú

¿Quién pintó "El jardín de las delicias"?

ChatGPT

"El jardín de las delicias" fue pintado por Hieronymus Bosch, un pintor neerlandés del siglo XV. Es una de sus obras más famosas y enigmáticas. ¿Tienes otra pregunta o quieres seguir en otra dirección?

Tú
¿Cuántas Eurocopas tiene Santi Cazorla?

ChatGPT
Santi Cazorla ha ganado dos Eurocopas con la selección española de fútbol. Estas fueron en los años 2008 y 2012. ¿Qué más te gustaría saber o preguntar?

Estas tendencias emergentes en la aplicación de ChatGPT en redes sociales están transformando la forma en que interactuamos y nos relacionamos en línea. A medida que la tecnología continúa evolucionando, podemos esperar ver nuevas aplicaciones que amplíen aún más la interacción entre máquinas y humanos.

7.2 PREDICCIONES SOBRE CÓMO EVOLUCIONARÁ EL USO DE CHATGPT POR PARTE DE LAS EMPRESAS EN EL FUTURO

El uso de ChatGPT por parte de las empresas está experimentando un crecimiento exponencial y se espera que continúe evolucionando de manera significativa en el futuro. Si se echa la vista atrás, era impensable que la tecnología avanzara tanto en tan poco tiempo. Ser atendido por una máquina parecía algo tan futurista como ilógico, pero, poco a poco, vemos que son soluciones que muchas veces prefieren los clientes. En muchos casos, como las reclamaciones o devoluciones, prefieren ser tratadas sin nadie que juzgue y elaborar ese proceso con la máxima tranquilidad, sin perder un mínimo de profesionalidad.

A medida que ChatGPT perfecciona su uso y se adapta a las necesidades de cada empresa, se exploran formas innovadoras de integrar esta herramienta en sus operaciones y estrategias comerciales. A continuación, se mencionan algunos ejemplos. Aunque algunos se han visto a lo largo del libro, se van a detallar ciertos aspectos.

> ▶ **Servicio al cliente inteligente y personalizado**: ya no es raro ver un saludo personalizado cuando ingresamos con nuestra cuenta en la aplicación del banco, de plataforma digital de contenidos o para pedir comida. En este último caso, hay incluso sugerencias en base a tus pedidos anteriores e incluso alguna pregunta como "¿Qué te apetece hoy?". Por mucho que nos alejemos de la atención personalizada, a todos nos gusta ver una muestra de aprecio. Lo que es una sonrisa cuando vas a comprar, aquí se traduce como una sugerencia o cualquier demostración de interés.

Si bien es cierto que el objetivo de cualquier empresa que se dedica a ello es vender sus productos, no cuesta nada regalar una muestra de cariño a los clientes. Y en eso, ChatGPT puede ser un gran arma. No solo en ofrecer servicios porque, como se ha visto, es una buena herramienta para atender consultas, solucionar problemas o reclamaciones, confirmar la recepción de un mensaje y para muchas otras gestiones de forma rápida y eficiente. Todo de una forma eficiente (no perfecta, pero sí eficiente) y disponible las 24 horas del día. ¿Qué se puede esperar de ChatGPT o de otros modelos de lenguaje en el futuro? Todo lo que imaginemos puede quedarse corto pero lo que sí es seguro es que la evolución aún tiene guardadas muchas sorpresas.

▶ **Automatización de procesos empresariales**: a nivel interno, ChatGPT servirá para mejorar la calidad y cantidad de trabajo. Desde automatizar repetitivas y automáticas tareas hasta programar diferentes eventos, como reuniones o juntas, a través del envío de recordatorios mediante los canales oficiales, ya sea por mensaje al teléfono o correo electrónico. Con esto, las empresas pueden ahorrar en gasto y tiempo para centrar sus estrategias y ser más efectivas. Esto no significa que se tenga que prescindir de personal, un fallo de muchas empresas, sino en la evolución de las tareas. Esa adaptación es, precisamente, la que muchos lugares de trabajo creen tener controlada, siendo al contrario. Como en muchos ejemplos, prescindir de personal suele traducirse en una acumulación de tareas por parte del personal que, aunque tenga muchas herramientas disponibles, no disponen del tiempo necesario para usarlas.

▶ **Creación y marketing de contenido**: como se puede apreciar en todas las redes sociales, ChatGPT es una herramienta muy útil en la creación de contenido. Tanto escrito como audiovisual, las opciones que permite son casi infinitas. Al igual que el punto anterior, es necesario adaptar y saber usar la herramienta para un uso correcto. Y ver a ChatGPT y las demás herramientas de IA como una ayuda y no como un sustitutivo. Todo creador necesita una inspiración y gracias a estos programas se puede encontrar de forma más fácil. Otro punto a favor es la programación de contenido, pudiendo una empresa estar presente cualquier día y a cualquier hora sin necesidad de estar en horario de apertura. De esta forma, se consigue que la empresa sea más activa y visible, dando una imagen al público de seriedad y profesionalidad.

▶ **Análisis de datos y toma de decisiones**: la IA es también muy importante a la hora de analizar los datos. A nivel de empleados, se pueden recoger en la ficha de cada uno sus progresos, así como rendimiento, obteniendo de manera rápida un análisis con todos los parámetros que se indiquen. A nivel de empresa, estas herramientas recogerán y analizarán los datos para ofrecer las mejores posibilidades a la empresa, evaluando los riesgos e identificar cuáles son las mejores opciones de mercado. En redes sociales, se profundizará sobre las mejores horas para compartir el contenido, aconsejará sobre los hashtags con más visionados e incluso podrá contestar a los comentarios. Un mundo de posibilidades que se presentan de forma inesperada y que muchas empresas desconocen.

El uso de ChatGPT y demás herramientas de IA están destinadas a implantarse en las empresas de forma definitiva y se prevé que su evolución sea superior y se transforme aún más su cometido dentro de las empresas. Sin desprestigiar el valor humano, las empresas deben conocer y saber usar todas estas posibilidades, permitiendo con esto ahorrar en gasto y tiempo. Y más en esta era digital, en la que todo lo que se ve desde una pantalla parece más bonito.

8

OPCIONES DE PROGRAMACIÓN DE CHATGPT

Cuando ChatGPT se integra con la API de OpenAI, ofrece una amplia variedad de opciones de programación más allá de un simple chat de asistencia virtual, el cual se verá cómo la herramienta es también capaz de crear el código. Además de esto, se pueden generar códigos para las siguientes opciones:

- **Generación de contenido**: como ya se sabe a estas alturas del libro, ChatGPT puede generar automáticamente texto para diversas finalidades, como correos electrónicos o publicaciones en redes sociales. Muy usado para el marketing y la comunicación de la empresa.

- **Automatización de respuestas a clientes**: ofrece respuestas en plataformas de correo electrónico, redes sociales y sistemas de compras, proporcionando respuestas rápidas y personalizadas basadas en las preguntas frecuentes y el historial de interacción del cliente.

- **Educación**: también puede actuar como un tutor virtual que proporciona explicaciones detalladas sobre una variedad de temas o incluso ayuda con varias tareas. Muy de moda también están los juegos como los quizz.

- **Traducción**: si ChatGPT posee los datos suficientes, puede ayudar en la traducción de textos en diferentes idiomas, facilitando la comunicación en entornos multilingües.

- **Programación y desarrollo de software**: otra de sus funciones es asistir en la escritura de código, ofreciendo sugerencias y correcciones. De igual forma, puede explicar conceptos de programación y ayudar a depurar el código.

▼ **Análisis de datos**: muy importante para la comunicación en redes sociales ya que analiza las tendencias y ofrece insights basados en datos.

▼ **Creatividad**: tanto para aportar ideas nuevas como para ayudar con las ya planteadas, ChatGPT es un participante más en la creación y generación de nuevo contenido. Mucha de la originalidad proviene de esta herramienta.

▼ **Soporte técnico**: cuando un cliente necesita una ayuda con algunos de sus productos o papeleo, ChatGPT también puede ser una ayuda útil. También puede separar las distintas incidencias según su importancia o campo.

▼ **Integración con dispositivos IoT**: ChatGPT puede ser integrado con dispositivos del Internet de las Cosas (IoT) para proporcionar control por voz y asistencia en la gestión de dispositivos inteligentes en el hogar o en otros entornos.

 **¿Qué es el Internet de las Cosas (IoT)?**

Apartado fácil ya que mucho porcentaje de la población lo conoce y lo usa. Son los distintos dispositivos físicos que están conectados a internet, recopilando y compartiendo datos a través de sensores y software incorporados. Estos objetos se comunican entre sí, sin intervención humana, para ofrecer una gran experiencia y economizar recursos. Se puede afirmar que se transforman objetos comunes en objetos inteligentes. Un ejemplo serían los distintos apartados en una red de hogar inteligente en el que pueden ir integrados un asistente virtual como Google Home, luces inteligentes, lavadora inteligente o cualquier elemento que tenga la opción.

De esta forma, una nevera inteligente puede hacer la compra cuando faltan diferentes alimentos o bebidas.

Por el contrario, los datos usados y compartidos por estos objetos pueden ser más vulnerables a un ataque cibernético, por lo que su seguridad, en muchas ocasiones, es inferior.

8.1 CÓDIGO PARA ELABORAR UN CHAT DE ASISTENCIA VIRTUAL

Ante la pregunta de si ChatGPT es capaz de crear el código para crear el código del chat de un asistente virtual en la web de una empresa, la respuesta es tan clara como su elaboración. Al pedírselo, se observan todos los pasos, así como los pasos del diseño de la interfaz.

Ejemplo práctico

Para crear un chat de asistencia virtual en una web de negocios utilizando ChatGPT, primero necesitas asegurarte de tener acceso a la API de OpenAI para poder implementar el modelo GPT. A continuación, te proporciono un ejemplo básico de cómo podrías estructurar este sistema utilizando HTML, JavaScript y la API de OpenAI.

Paso 1: Crear una cuenta en OpenAI y obtener las claves de API

Debes registrarte en la plataforma de OpenAI y obtener las claves de API necesarias para autenticar tus solicitudes.

Paso 2: Diseñar la Interfaz de Usu ↓ › en HTML

```
<!DOCTYPE html>
<html lang="en">
<head>
<meta charset="UTF-8">
<meta name="viewport" content="width=device-width, initial-scale=1.0">
<title>Chat de Asistencia Virtual</title>
<link rel="stylesheet" href="style.css">
</head>
<body>
<div id="chat-container">
<div id="chat-box">
<div id="messages"></div>
</div>
<input type="text" id="user-input" placeholder="Escribe tu mensaje aquí..." au-
tofocus>
<button onclick="sendMessage()">Enviar</button>
</div>
<script src="chat.js"></script>
</body>
</html>
```

Paso 3: Estilizar con CSS

```css
/* style.css */
#chat-container {
width: 300px;
height: 400px;
border: 1px solid #000;
margin: auto;
padding: 10px;
display: flex;
flex-direction: column;
justify-content: space-between;
}
#chat-box {
height: 90%;
overflow-y: auto;
}
#messages {
height: 100%;
}
input, button {
width: 100%;
padding: 10px;
margin-top: 5px;
}
```

Paso 4: Lógica del Chat en JavaScript

```js
// chat.js
const apiKey = 'tu_clave_api_aquí';
const apiUrl = 'https://api.openai.com/v1/engines/davinci-codex/completions';
async function sendMessage() {
const userInput = document.getElementById('user-input').value;
if (!userInput.trim()) return;
```

```
displayMessage(userInput, 'user');
const response = await fetch(apiUrl, {
method: 'POST',
headers: {
'Content-Type': 'application/json',
'Authorization': `Bearer ${apiKey}`
},
body: JSON.stringify({
prompt: userInput,
max_tokens: 150
})
});
const data = await response.json();
displayMessage(data.choices[0].text, 'bot');
document.getElementById('user-input').value = ''; // clear input field
}
function displayMessage(message, sender) {
const messageDiv = document.createElement('div');
messageDiv.textContent = message;
messageDiv.className = sender;
document.getElementById('messages').appendChild(messageDiv);
}
```

Al solicitarle el código de forma general, hace hincapié en adaptarlo según las necesidades y objetivos de la empresa.

Este código es solo un punto de partida y necesita ser adaptado y ampliado según las necesidades específicas de tu negocio y la implementación de seguridad adecuada. También es importante manejar correctamente la clave API y no exponerla directamente en el cliente.

Al solicitar el resultado de la interfaz, no lo muestra ya que no puede ejecutar código HTML o JavaScript en tiempo real dentro de la herramienta. Aún así, ofrece una descripción de la misma y cómo funcionaría.

También se le solicita que muestre el resultado a través de una imagen. Como se aprecia, es una interfaz moderna y en la que se pueden observar cómo se verían los mensajes de los usuarios y sus respuestas.

8.2 ELABORACIÓN DE CONTENIDO EN EL ENTORNO DE PROGRAMACIÓN

ChatGPT puede desempeñar un papel significativo en la elaboración de contenido para redes sociales en un entorno empresarial, especialmente al ser integrado en flujos de trabajo de programación con Python u otros lenguajes. A continuación, se describe cómo podría utilizarse ChatGPT para automatizar y enriquecer la creación de contenido en redes sociales:

 **Texto generado por ChatGPT sin corregir**

1. **Generación automatizada de contenido**

   ChatGPT puede generar automáticamente texto para publicaciones en redes sociales. Por ejemplo, se puede programar para crear contenido relevante y atractivo basado en temas específicos, eventos actuales o promociones en curso. Esto incluye:

   - Publicaciones para promocionar productos o servicios.
   - Contenido educativo o informativo relacionado con la industria.
   - Respuestas a preguntas frecuentes de los clientes.
   - Generación de contenido creativo, como historias o temas interesantes que puedan captar la atención de la audiencia.

2. **Personalización de contenido**

   Utilizando datos del comportamiento de los usuarios en redes sociales y otras métricas, ChatGPT puede personalizar el contenido para diferentes segmentos de la audiencia. Esto puede incluir la personalización de mensajes según la demografía, intereses, o interacciones previas de los usuarios.

3. **Interacción y participación automatizada**

   ChatGPT puede ser utilizado para responder automáticamente a comentarios y preguntas en las publicaciones, proporcionando un nivel de interacción constante y en tiempo real. Esto puede ayudar a mantener un alto nivel de compromiso con la comunidad, además de ofrecer un servicio de atención al cliente proactivo.

4. **Análisis de sentimientos y optimización de contenido**

   Integrando ChatGPT con herramientas de análisis de sentimientos, las empresas pueden entender mejor cómo su contenido es recibido por la audiencia. Esto permite ajustar las estrategias de contenido de forma más efectiva para mejorar la recepción y el *engagement*.

5. **Automatización y programación de publicaciones**

   ChatGPT puede integrarse con APIs de plataformas de redes sociales como Facebook, Instagram, y X para automatizar la programación de publicaciones. Esto se puede hacer escribiendo scripts en Python que utilicen estas APIs para subir contenido generado automáticamente en momentos óptimos basados en análisis de tráfico y *engagement*.

¿Qué es el *engagement*?

Tomando como contexto las redes sociales de las empresas, el término *engagement* se refiere a medir los seguidores que interactúan y participan, ya sea a través de me gusta o comentarios, de forma activa en el contenido que se ha colgado en las distintas redes sociales. Además de estos dos ejemplos, también se puede interactuar compartiendo la publicación, los visionados, hacer clic en los enlaces o participando en los distintos concursos planteados o las encuestas propuestas.

El *engagement* define el éxito y la efectividad de la estrategia de redes sociales de una empresa, ya que demuestra el nivel de interés, compromiso y conexión que se ha logrado con la audiencia. Un alto nivel de *engagement* significa un aumento de la visibilidad, de alcance y de la fidelidad del cliente, así como en una mayor participación en campañas de marketing y en la generación de ventas.

Ejemplo de código en python

Aquí tienes un ejemplo simple de cómo un script en Python podría usar ChatGPT para generar una publicación:

```python
import openai
def generate_social_media_post(prompt):
response = openai.Completion.create(
engine="text-davinci-003",
prompt=prompt,
max_tokens=100
)
return response.choices[0].text.strip()
# Ejemplo de uso
prompt = "Crear una publicación sobre las últimas tendencias en tecnología para
nuestra página de LinkedIn."
post_content = generate_social_media_post(prompt)
print(post_content)
```

Este script hace uso de la API de OpenAI para generar contenido para una publicación en LinkedIn basada en un prompt específico. El texto generado puede ser revisado y personalizado aún más antes de ser publicado en la plataforma.

La integración de ChatGPT en la estrategia de redes sociales de una empresa puede llevar a una mejora significativa en la eficiencia, la relevancia y la personalización del contenido, contribuyendo a un mayor alcance y *engagement* en estas plataformas.

9

MEJOR FORMA DE CREAR CONTENIDO

Crear contenido efectivo y de calidad en ChatGPT requiere una estrategia que combine creatividad, comprensión del público objetivo y conocimientos sobre la plataforma donde se distribuirá el contenido. Los pasos a seguir deberían ser los siguientes:

▶ **Definir los objetivos del contenido**: antes de comenzar a crear contenido en ChatGPT, es importante tener claros los objetivos que se desean alcanzar. No es lo mismo la creación de contenido si se busca educar, entretener o promocionar algún producto o servicio. Una vez fijado, se elaborará la estrategia a seguir siguiendo al objetivo como meta final.

▶ **Conocer al público objetivo**: otro requisito fundamental es saber a quién nos dirigimos. Conocer todos los datos posibles como edad, procedencia, necesidades, deseos y todo lo relacionado con el usuario ayudará a adaptar el contenido con el objetivo de satisfacer las necesidades y ser productivos. Si no se sabe este punto, debería hacerse un análisis de mercado centrándose en el público potencial.

▶ **Elegir el formato adecuado**: dependiendo de cada red social, se elegirá uno u otro contenido. No es lo mismo generarlo para X (antes conocido como X), en la que es necesario texto, que, para Instagram, donde el formato de imágenes y vídeos es mucho más efectivo. La elección de este formato es esencial y puede marcar el éxito o no de la publicación. Lo normal, si se está presente en todas las redes sociales, es elaborar el mismo contenido en diferentes formatos para tener todas las opciones cubiertas.

▸ **Ser creativo y original**: dos elementos clave si se quiere resaltar. Aunque las herramientas de IA pueden ayudar, es necesario contar con un equipo que tenga ideas frescas y efectivas de cara a conseguir los objetivos marcados por la empresa. Llamar la atención de la audiencia y revalorizar la marca son los objetivos.

▸ **Utilizar el lenguaje adecuado**: dependiendo de la empresa, el contenido irá dirigido a un público u otro. Tanto el lenguaje como el tono han de estar adaptados o, en caso de duda, hacerlo de la forma más entendible para llegar al máximo número de personas. Un contenido claro y objetivo debe ser un requisito fundamental a la hora de compartir información. Dependiendo de la red social, pueden usarse emojis, frases u otro contenido original para hacerlo más atractivo.

▸ **Optimizar el contenido a la plataforma**: además de adaptar el contenido y la forma a la red social usada, es también importante optimizar la información. Conocer en profundidad la red social para saber qué es necesario para llegar a una cantidad superior de público. Por ejemplo, no es lo mismo compartir el contenido en Instagram, donde tienes que seleccionar los hashtags y etiquetas que estén más en tendencia, que en LinkedIn, en la que priva el contenido desde un punto de vista más profesional.

▸ **Ajustes**: una vez que el contenido se ha creado y distribuido, es importante hacer un seguimiento y ver qué respuesta tiene la publicación, además de corregir los distintos fallos que puedan aparecer. Para ello, se usarán las diversas herramientas de análisis, las cuales hay en todas las cuentas, siendo posible unas adaptadas a las empresas.

Crear contenido y compartirlo mediante ChatGPT requiere una estrategia en la que se combine conocimiento del público al que se va dirigido y originalidad. Conocer las redes sociales, cada una con sus herramientas y preferencias, así como saber adaptar la información teniendo en cuenta las necesidades y preferencias de los usuarios, desembocará en *engagement* y en la consecución de los objetivos marcados por la empresa.

9.1 ¿PUEDE CUALQUIER EMPRESA USAR CHATGPT? ¿QUÉ NECESITA PARA ELLO?

Respuesta corta, sí. Respuesta larga, sí, pero… Las distintas herramientas de lenguaje están disponibles para cualquier empresa que las quiera implantar, pero necesita de un proceso de implantación que depende de varios factores.

▶ **Acceso a la tecnología**: cualquier empresa que quiera implementar esta tecnología ha de tener los recursos y el personal preparado para ello. Aunque parezca fácil de usar, los sistemas de entrenamiento, gestión y evaluación de los programas lleva una labor más complicada.

▶ **Comprensión de la tecnología**: ligado al anterior punto. Se presupone que cualquier responsable de usar IA entiende y comprende cómo funciona esta tecnología, teniendo conocimientos básicos de procesamiento de lenguaje, así como de todas las posibilidades y limitaciones de las herramientas.

▶ **Recursos humanos capacitados**: buscar a personal que entienda y sea capaz de llevar esta gestión de la IA no es una tarea fácil. Los puestos más demandados son científicos de datos, ingenieros de software, especialistas en marketing digital u otro cargo con conocimientos sobre redes sociales e IA.

▶ **Datos de entrenamiento**: para que el resultado sea bueno, es imprescindible que los datos con los que se entrene a ChatGPT sean precisos, relevantes y que no lleven a equivocación. Para ello, las empresas necesitan acceder a la mayor cantidad de datos posibles, incluyendo transcripciones de conversaciones, correos electrónicos de clientes o comentarios en redes sociales.

▶ **Definición de estrategia**: antes de implementar ChatGPT, las empresas deben definir claramente sus objetivos comerciales. Para ello, deben estructurar de la mejor forma posible el papel de ChatGPT. Por ejemplo, la función que va a realizar o los problemas que se esperan resolver.

▶ **Seguridad y privacidad**: concepto tratado en el libro y con la importancia necesaria para considerarse fundamental. Si no se tiene la certeza absoluta de que los datos no van a estar bien protegidos, es mejor no arriesgarse. Además de lo económico, traducido en duras sanciones, se perderá la confianza del cliente, el cual será muy difícil que vuelva a compartir cualquier dato.

Cualquier empresa puede usar IA, en concreto ChatGPT, para mejorar su presencia y contenido en redes sociales, pero teniendo en cuenta todos los factores mencionados. Asegurar de forma eficaz los datos, disponer de la tecnología necesaria, así como personal con el conocimiento necesario son tres condiciones indiscutibles. Si alguna empresa duda, ya sea por rendimiento o por tener que hacer algún esfuerzo económico, solo tiene que mirar todos los ejemplos y el nivel de las empresas que lo incorporan.

Veamos la respuesta de ChatGPT a la pregunta ¿Qué necesita una empresa para usar IA, en concreto ChatGPT?

 **Texto generado por ChatGPT sin corregir**

Para utilizar inteligencia artificial como ChatGPT en una empresa de manera efectiva, se requieren varios elementos clave que aseguran tanto la implementación técnica adecuada como la alineación con los objetivos comerciales. Aquí están los aspectos fundamentales que una empresa debe considerar:

▶ **Infraestructura tecnológica:**

- **Hardware y software adecuados:** dependiendo de si la empresa decide operar ChatGPT localmente o utilizar servicios en la nube, necesitará hardware apropiado o acceso a plataformas de computación en la nube.

- **Integración de sistemas:** capacidad para integrar ChatGPT con los sistemas y plataformas existentes, como CRM, bases de datos de clientes, sistemas de gestión de contenido, etc.

▼ **Acceso a datos:**

- **Datos de calidad para entrenamiento:** acceder a grandes volúmenes de datos relevantes y de alta calidad es crucial para entrenar y afinar el modelo de IA para que se adapte mejor a las necesidades específicas de la empresa.

- **Cumplimiento de la privacidad de datos:** esencial para operar dentro de las regulaciones legales, como el GDPR en Europa o la CCPA en California, asegurando que el manejo de datos cumpla con todas las leyes de privacidad aplicables.

▼ **Competencias y capacitación del personal:**

- **Equipo de IA Capacitado:** tener personal capacitado en IA y machine learning es crucial para implementar, gestionar y optimizar ChatGPT.

- **Capacitación continua:** programas de formación para el personal técnico y no técnico sobre cómo interactuar y gestionar la IA.

▼ **Objetivos y estrategia claros:**

- **Definición de metas y expectativas:** clarificar qué problemas resolverá ChatGPT y cómo contribuirá a alcanzar los objetivos comerciales.

- **Estrategia de implementación y escalado:** planificación detallada de cómo se desplegará ChatGPT y se escalará su uso en la empresa.

▼ **Gestión del cambio:**

- **Preparación organizacional:** preparar a la empresa para los cambios que conlleva la implementación de IA, incluyendo ajustes en los procesos de negocio y la cultura organizacional.

- **Comunicación efectiva:** informar y obtener el apoyo de todos los niveles de la organización sobre los beneficios y cambios que la IA introducirá.

▼ **Soporte técnico y mantenimiento:**

- **Soporte continuo:** asegurar que exista soporte técnico disponible para resolver cualquier problema operativo o técnico que pueda surgir.

- **Actualizaciones y mejoras:** mantener el sistema actualizado con las últimas mejoras y actualizaciones de seguridad para maximizar la eficacia y la seguridad de la IA.

 Estos aspectos garantizan no solo una implementación técnica exitosa sino también una integración eficaz de ChatGPT en los procesos y la estrategia comercial de la empresa.

9.2 ¿ES CHATGPT MEJOR QUE OTROS GENERADORES DE LENGUAJE?

No hay duda de que ChatGPT es uno de los iconos de la IA, además de ser el más conocido y usado en nuestro país. Como procesador de lenguaje natural avanzado, sobresale del resto por varias razones.

▶ **Generación de texto coherente y relevante:** una de las características de ChatGPT es generar texto de forma lógica y completa. Iniciando o siguiendo una conversación, produce respuestas que se ajustan de manera natural a lo solicitado.

Ejemplo: ¿cuál es la mejor forma de conectar con el público para dar a conocer nuestra marca a través de las redes sociales?

Texto generado por ChatGPT sin corregir

Conectar con el público y dar a conocer tu marca a través de las redes sociales puede ser muy efectivo si sigues una estrategia bien planificada. Aquí te doy algunos consejos claves para lograrlo:

- **Conoce a tu audiencia:** antes de cualquier acción, es fundamental entender quién es tu público objetivo. Investiga sus intereses, problemas y hábitos en redes sociales para poder crear contenido que resuene con ellos.

- **Elige las plataformas adecuadas:** no todas las redes sociales son idóneas para cada tipo de audiencia. Selecciona las plataformas donde tu público objetivo pasa más tiempo y es más activo.

- **Crea contenido de valor:** el contenido es el rey en las redes sociales. Ofrece algo útil o entretenido a tu audiencia. Esto puede incluir tutoriales, consejos, entrevistas, estudios de caso, o simplemente contenido divertido y relatable.

- **Interacción constante:** responde a los comentarios, mensajes y menciones. La interacción no solo ayuda a construir relaciones sino que también fomenta la lealtad hacia la marca.

- **Utiliza el storytelling:** las historias son una forma poderosa de conectar emocionalmente con las personas. Comparte historias sobre tus productos, tu empresa, tus empleados, o tus clientes que inspiren y generen empatía.

- **Marketing de influencia:** colaborar con *influencers* que trabajan con tu marca puede ampliar enormemente tu alcance y credibilidad.

- **Publicidad en redes sociales:** las plataformas de redes sociales ofrecen herramientas de publicidad potentes que pueden ayudarte a alcanzar un público más amplio y dirigido específicamente.

- **Análisis y ajustes:** usa herramientas de análisis para monitorear el rendimiento de tus publicaciones y campañas. Ajusta tus estrategias en función de los datos recolectados para mejorar la efectividad.

- **Frecuencia y consistencia:** mantén una presencia regular en las redes sin saturar a tu audiencia. La consistencia en la frecuencia y en el estilo del mensaje ayuda a fortalecer tu marca.

- **Experimentación:** Las redes sociales están siempre evolucionando, así que no temas experimentar con nuevos formatos o ideas. Los vídeos cortos, por ejemplo, pueden ser muy efectivos ahora en muchas plataformas.

Estas estrategias te ayudarán a maximizar tu presencia en redes sociales y a construir una conexión sólida con tu público objetivo.

▼ **Capacidad para comprender y generar texto en múltiples idiomas**: para su expansión internacional, el modelo ha sido entrenado en una amplia variedad de idiomas, por lo que es capaz de comprender y generar texto con un alto nivel de precisión y fluidez en todas partes del mundo.

Veamos qué propone ChatGPT a la pregunta "Potresti ideare uno slogan per una campagna per il nuovo gelato al gusto vaniglia?" (¿Podrías formar un eslogan para una campaña del nuevo helado de sabor vainilla?)

Certo! Ecco alcuni slogan che potrebbero funzionare bene per una campagna pubblicitaria dedicata a un nuovo gelato al gusto vaniglia:

1. "Vaniglia pura, piacere vero."
2. "Assapora l'eleganza della semplicità con il nostro nuovo gelato alla vaniglia."
3. "Dolce, semplice, sublime – Scopri la vaniglia come mai prima d'ora."
4. "Rinfresca i tuoi sensi con un tocco di vaniglia."
5. "Ogni cucchiaio un sorriso – Prova il nuovo gusto vaniglia."
6. "Dai vita ai tuoi momenti con la vaniglia che incanta."
7. "Lasciati tentare dalla dolcezza avvolgente della vaniglia."
8. "Puro piacere vanigliato, una coccola per il palato."

Questi slogan mirano a evocare sensazioni di piacere, semplicità e qualità, che possono essere molto invitanti per i consumatori di gelato.

▼ **Adaptabilidad**: uno de los aspectos más relevantes es que es una herramienta que sirve para multitud de aplicaciones y usos. Como se ha visto en las redes sociales de las empresas, puede gestionar el contenido y las dudas de los clientes a la par que genera un texto original de una historia inventada. Todo ello mientras te traduce un texto. Como se dice en Solo en Casa 2: perdido en New York (1992): "La lista es interminable, monada".

▼ **Capacidad para aprender y mejorar con el tiempo**: lo mejor de todo es que no ha alcanzado su summum. Su posibilidad de adaptación y mejora es alta, por lo que su rendimiento irá mejorando al mismo tiempo que le vayan insertando más datos o interactúe con otros usuarios.

Una cuestión muy interesante y que merece la pena saber la opinión de ChatGPT. Con una respuesta comedida, esto es lo que dice.

 **Texto generado por ChatGPT sin corregir**

La evolución futura de ChatGPT y tecnologías similares de inteligencia artificial dependerá de varios factores, incluyendo avances en la investigación, desarrollos tecnológicos, y cambios en las regulaciones y percepciones sociales. Aquí algunos de los posibles desarrollos y aplicaciones futuras para ChatGPT:

- **Mayor comprensión contextual:**

  Futuras versiones podrían tener una mejor comprensión del contexto y la capacidad de mantener conversaciones aún más coherentes y profundas, recordando detalles anteriores de la conversación y ajustándose más precisamente a las necesidades del usuario.

- **Interacción multimodal:**

  La integración de capacidades multimodales, como procesamiento de voz, reconocimiento de imágenes, y tal vez incluso interacciones táctiles o gestuales, podría permitir una experiencia de usuario más rica y versátil.

- **Automatización y personalización avanzadas:**

  Con mejoras en el aprendizaje automático y personalización, ChatGPT podría ofrecer respuestas y soluciones más personalizadas a los usuarios, basándose en su historial de interacciones y preferencias.

- **Aplicaciones especializadas:**

  Podría desarrollarse para tareas específicas en campos como medicina, derecho, educación, y otros, ofreciendo asistencia basada en IA que es altamente especializada y efectiva.

- **Ética y gobernanza de la IA:**

  A medida que la tecnología avanza, también lo harán las discusiones y regulaciones sobre la ética de la IA, la privacidad de los datos, y la seguridad, lo que podría dar forma a cómo se utiliza ChatGPT en la sociedad.

- **Integración en sistemas y dispositivos:**

  ChatGPT podría estar más integrado en dispositivos cotidianos y sistemas, desde teléfonos y computadoras hasta automóviles y sistemas domésticos inteligentes, facilitando una interacción continua y contextual con la IA.

- **IA de propósito general:**

  El desarrollo hacia una inteligencia artificial de propósito general (AGI) podría eventualmente permitir que sistemas como ChatGPT manejen una gama de tareas y problemas con capacidades similares a las humanas.

Estos avances potenciales podrían transformar muchas áreas de nuestra vida, desde cómo interactuamos con la tecnología hasta cómo gestionamos información y tomamos decisiones. La clave estará en cómo equilibramos la innovación con la regulación para asegurar que el desarrollo de la IA beneficie a la sociedad en su conjunto.

▶ **Facilidad de uso y accesibilidad**: ChatGPT es fácil de usar. Podemos indagar un poco y afirmar que es facilísimo. Cualquier usuario sin experiencia en IA, procesamiento de lenguaje natural o informática en general, puede trabajar y usar ChatGPT sin ningún problema. Por supuesto, su mantenimiento y entrenamiento sí debería ser llevado por gente experta en el tema, pero su facilidad en el uso diario abre las puertas a que muchas empresas la usen, sin importar el tamaño de la misma o el sector en que se incluya sus servicios.

Tanto por su facilidad de uso como por todas las opciones que permite, entre las que se incluyen la forma coherente y lógica del texto, la posibilidad de generar contenido en varios idiomas, la adaptabilidad de la facilidad de uso, la convierten en una herramienta esencial e importante en muchas empresas. Precisamente, por estas características, está presente en multitud de empresas, ya que no se necesita personal altamente cualificado y puede adaptarse a cualquier sector.

9.3 USO EN LAS DIFERENTES REDES SOCIALES

ChatGPT puede estar presente en una variedad de redes sociales populares donde las empresas interactúan con su audiencia. A continuación, se detallan algunas de las principales redes sociales donde ChatGPT puede desempeñar un papel importante:

▶ **Facebook**: Facebook es una de las redes sociales más grandes y populares del mundo, y es un lugar ideal para que las empresas utilicen ChatGPT. Puede ser utilizado para automatizar respuestas a mensajes directos, comentarios y publicaciones en el muro, así como para generar contenido creativo y relevante para la audiencia.

▶ **X (Twitter)**: X es una plataforma de *microblogging* donde las empresas pueden compartir actualizaciones rápidas y noticias con su audiencia. ChatGPT puede ser utilizado para generar tweets relevantes y atractivos, así como para participar en conversaciones en tiempo real con los seguidores.

▶ **Instagram**: Instagram es una plataforma de redes sociales centrada en la imagen y el vídeo, y es muy popular entre las marcas que desean mostrar visualmente sus productos y servicios. ChatGPT puede ser utilizado para generar leyendas de fotos, comentarios y respuestas a mensajes directos, así como para interactuar con la audiencia a través de historias y encuestas.

▸ **LinkedIn**: LinkedIn es una red social orientada a los negocios, donde las empresas pueden conectarse con profesionales de la industria y promover sus productos y servicios. ChatGPT puede ser utilizado para generar publicaciones relevantes y profesionales, así como para interactuar con la audiencia a través de mensajes directos y comentarios.

▸ **YouTube**: YouTube es la plataforma de video más grande del mundo, y es un lugar ideal para que las empresas compartan contenido visualmente atractivo con su audiencia. ChatGPT puede ser utilizado para generar descripciones de vídeos, comentarios y respuestas a comentarios, así como para interactuar con la audiencia a través de vídeos en vivo y transmisiones.

▸ **TikTok**: una de las que más crecimiento ha tenido en los últimos años, sobre todo a raíz de la pandemia. Con numerosos y activos usuarios, muchas empresas y personalidades han usado esta herramienta para dar a conocer sus productos a través de vídeos que presentan de forma original su estrategia.

▼ **Reddit**: es una plataforma de agregación de contenido donde los usuarios pueden compartir y discutir noticias, vídeos, imágenes y enlaces. ChatGPT puede ser utilizado para interactuar con la comunidad de Reddit, responder preguntas y participar en conversaciones en los subreddits relevantes para la empresa.

▼ **Pinterest**: Pinterest es una plataforma de redes sociales centrada en la inspiración y el descubrimiento visual, donde los usuarios pueden buscar y guardar imágenes y vídeos de interés. ChatGPT puede ser utilizado para generar descripciones de pines, comentarios y respuestas a mensajes directos, así como para interactuar con la audiencia a través de tableros y pines.

En resumen, ChatGPT puede estar presente en una variedad de redes sociales populares donde las empresas interactúan con su audiencia, incluyendo Facebook, X, Instagram, LinkedIn, YouTube, TikTok, Reddit y Pinterest. Puede ser utilizado para una variedad de propósitos, incluyendo la generación de contenido, la automatización de respuestas, y la interacción con la audiencia.

9.4 INCONVENIENTES DE USAR CHATGPT

A pesar de las muchas ventajas que posee esta herramienta, y aunque se han enumerado varios inconvenientes a lo largo de los capítulos, se van a definir y enumerar.

▶ **Riesgo de contenido inapropiado**: al generarlo de forma automática, existe un riesgo de que no sea acertado, tanto porque no sea correcto o porque no sea el adecuado según el contexto de la situación. Precisamente, esto se puede encontrar en algún caso en el que el usuario malinterprete a la máquina, que otorga una respuesta atendiéndose a lo solicitado sin saber si la información puede dañar o herir a alguien. Esto puede traducirse en una mala experiencia y dañar la reputación de la empresa.

▶ **Limitaciones en el entendimiento del lenguaje humano**: otro punto en consonancia con el anterior es la capacidad para entender el lenguaje humano. Una IA, al menos por ahora, no logra entender todo lo que se solicita y puede ofrecer una respuesta que no sea la correcta o esté incompleta.

▶ **Posible sesgo en los datos de entrenamiento**: al proceder la mayoría de información de internet, puede caer en la incoherencia e incluso en contenido discriminatorio, algo que también dañaría el nombre del negocio. Motivo por el cual hay que señalar siempre la procedencia del contenido si se ha elaborado por IA.

▶ **Supervisión y mantenimiento continuo**: para evitar estos errores, es necesario revisar y corregir el contenido que ChatGPT ofrece. Además de esto, que se considera necesario, también hay que ir actualizando las bases de datos y mejorar el conocimiento de la IA.

▶ **Posible dependencia tecnológica**: en muchos casos, es tal la dependencia de ChatGPT que se obvian tareas a las que se debería dedicar un mínimo de tiempo. También puede ocurrir que el sistema o la herramienta no funcione o experimente problemas técnicos, algo que se convertiría en un problema si no se tiene la costumbre y capacidad de sacar adelante su trabajo.

▶ **Preocupaciones sobre la privacidad de los datos**: con tantos datos que posee la herramienta siempre se tiene el miedo de que la seguridad no sea la adecuada y acaben filtrados o robados.

Aunque ChatGPT sea un herramienta buena e imprescindible en muchas empresas a día de hoy, hay que tener en cuenta que no es capaz de hacer todo el trabajo sola. Como se ha visto, puede haber contenido erróneo o que lleve a la confusión, por lo que es necesario entrenar y revisar todas las respuestas que ofrezca. Por supuesto, dos elementos muy importantes a la hora de usar estos modelos de lenguaje son la no dependencia tecnología y la seguridad de los datos. Fundamental tener claro el concepto de herramienta de apoyo y no sustitutiva.

9.5 CONOCIMIENTOS PARA MANEJAR CHATGPT

Para que alguien maneje, va incluido también que programe y entrene, ChatGPT en las redes sociales de una empresa es preciso que tenga conocimientos técnicos y habilidades además de comprender las distintas estrategias de marketing y comunicación. Las más importantes son las siguientes:

▶ **Conocimientos en inteligencia artificial (IA)**: fundamental para manejar y controlar la herramienta. Además de los conceptos básicos, debería tener experiencia en otras herramientas de IA como PyTorch o TensorFlow. Aún así, puede ser un experto en ChatGPT sin necesidad de ello, pero sí es conveniente estar familiarizado con modelos de lenguaje preentrenados y conocer tanto las funciones como las limitaciones de la IA.

▶ **Experiencia en procesamiento de lenguaje natural (PLN)** campo específico dentro de la IA pero muy importante ya que se centra en la comprensión y generación del texto en el lenguaje humano. Saber tratar y modelar el lenguaje es fundamental para trabajar de la mejor forma con ChatGPT.

▶ **Habilidades en programación y desarrollo de software**: otra facultad es tener habilidades en programación y desarrollo de software para integrar y mantener ChatGPT en las redes sociales. Tener conocimientos de Java o Python, así como experiencia en el uso de APIs y herramientas de desarrollo de software son puntos muy positivos.

Preguntemos a quién mejor solucionará la duda. Y, como se ha mencionado, aunque no sea algo crucial si que es beneficioso tener estos conocimientos.

Texto generado por ChatGPT sin corregir

El conocimiento de lenguajes de programación como Java o Python, así como la experiencia en el uso de APIs (Interfaces de Programación de Aplicaciones), es crucial para manejar eficazmente herramientas como ChatGPT por varias razones:

▶ **Integración y personalización:**

- **Automatización y personalización**: los lenguajes de programación permiten escribir scripts y programas que pueden automatizar interacciones con ChatGPT, personalizando las respuestas y adaptando la funcionalidad a las necesidades específicas de una aplicación o servicio.

- **Integración con sistemas existentes**: Java y Python son ampliamente utilizados para el desarrollo de software y pueden integrar ChatGPT en sistemas empresariales, aplicaciones web, aplicaciones móviles y otros sistemas de software.

▶ **Desarrollo de aplicaciones robustas:**

- **Desarrollo Backend**: Java y Python son fundamentales para el desarrollo del backend de aplicaciones que requieren la integración de servicios de IA como ChatGPT. Permiten manejar la lógica de negocios, la gestión de datos, y las interacciones con otras APIs y bases de datos.

- **Escalabilidad y mantenimiento**: estos lenguajes proporcionan las herramientas necesarias para crear soluciones escalables y mantenibles, lo cual es crucial para las aplicaciones que dependen de la computación en la nube y el procesamiento de grandes volúmenes de datos.

▶ **Uso de APIs:**

- **Comunicación con ChatGPT**: ChatGPT, como modelo de OpenAI, se accede principalmente a través de una API. Saber cómo trabajar con APIs permite a los desarrolladores enviar peticiones y recibir respuestas del modelo, integrando estas capacidades en aplicaciones propias.

- **Automatización de interacciones**: las APIs facilitan la automatización de las interacciones con ChatGPT, permitiendo el desarrollo de chatbots, asistentes virtuales, y otras herramientas de automatización.

▶ **Innovación y experimentación:**

- **Pruebas y desarrollo rápido**: el conocimiento de Java o Python permite a los desarrolladores escribir y probar rápidamente nuevos scripts, experimentar con diferentes enfoques y optimizar la implementación de ChatGPT.

- **Contribuciones a la comunidad**: los desarrolladores con estas habilidades pueden contribuir a la comunidad, creando bibliotecas, frameworks y herramientas que faciliten el uso de ChatGPT para otros desarrolladores.

▶ **Seguridad y privacidad:**

- **Manejo de datos sensibles**: el manejo seguro de datos es crucial cuando se trabaja con IA en aplicaciones comerciales. Java y Python ofrecen bibliotecas y frameworks que ayudan a implementar prácticas de seguridad robustas.

En resumen, el dominio de Java o Python, junto con la experiencia en el uso de APIs, no solo capacita a los desarrolladores para implementar y gestionar ChatGPT de manera efectiva, sino que también abre un amplio rango de posibilidades para crear aplicaciones innovadoras y personalizadas que aprovechen el potencial de la inteligencia artificial.

▶ **Comprensión de las redes sociales y estrategias de marketing**: tan importante es conocer la parte informática como la social. Saber qué les gusta a los usuarios, qué estrategias usar y adaptarse a cada plataforma es fundamental para una buena imagen de la marca.

▶ **Habilidades analíticas y de resolución de problemas**: con la gran cantidad de datos con la que se trabaja es esencial poder analizarlos. Saber identificar patrones y tendencias ayudará a tomar decisiones y evitar problemas, por lo que se mejorarán los resultados.

▶ **Conocimientos en seguridad y privacidad de datos**: quizá una de las partes más importantes sea tener conocimientos en seguridad y privacidad de todos los datos que proporcionan los clientes. Una figura que no debería faltar en ninguna empresa y que mantiene la buena imagen de la marca.

Para gestionar ChatGPT en las redes sociales de una empresa, es necesaria una combinación de conocimientos técnicos en:

- Inteligencia artificial y procesamiento de lenguaje natural.
- Habilidades en programación y desarrollo de software.
- Comprensión de las redes sociales y estrategias de marketing.
- Habilidades analíticas y de resolución de problemas.
- Conocimientos en seguridad y privacidad de datos.

Dichos conocimientos son esenciales para implementar y gestionar ChatGPT de manera efectiva y aprovechar al máximo su potencial en las redes sociales de la empresa.

10

PROMPTS Y OTRAS OPCIONES DE CHATGPT

En este capítulo, el objetivo es definir la función de los prompts además de ver innovaciones recientes como los plugins y destacar alguna de las capacidades de ChatGPT, por ejemplo, la elaboración de gráficas. Todo esto son opciones disponibles en ChatGPT y que muchos usuarios, aunque las usen, desconocen. Si alguna vez se duda de algo, la mejor opción es probar porque seguro que lo puede hacer o, en el peor de los casos, pueda darte una guía de cómo hacerlo.

10.1 PROMPTS

Los "prompts" para ChatGPT son instrucciones o estímulos de entrada proporcionados por el usuario para llevar la generación de texto por el lado correcto. Dichas instrucciones pueden ser de diversas formas: preguntas, fragmentos de texto, palabras clave o incluso diálogos incompletos.

Los prompts ayudan a generar respuestas relevantes y coherentes. Por ejemplo, si un usuario desea que ChatGPT genere un resumen sobre la influencia de la inteligencia artificial, podría proporcionar un prompt como: "Genera un resumen sobre la influencia de la inteligencia artificial y su impacto en la sociedad". Basándose en este prompt, el modelo utilizará su conocimiento previo y las pautas proporcionadas para generar un resumen coherente y relevante sobre el tema solicitado.

Veamos el ejemplo y cómo, de forma resumida, elabora en base a su conocimiento y lo que le hemos pedido a la información solicitada.

ChatGPT

La inteligencia artificial (IA) ha transformado significativamente varios aspectos de la sociedad, desde cómo trabajamos y aprendemos hasta cómo nos comunicamos y entretenemos. Aquí hay un resumen de la influencia y el impacto de la IA en la sociedad:

Impacto en la Economía y el Empleo

La IA ha revolucionado industrias enteras, automatizando tareas que anteriormente requerían intervención humana, lo que ha llevado a una mayor eficiencia y a la reducción de costos operativos. Sin embargo, esto también plantea desafíos, como la dislocación laboral y la necesidad de reentrenamiento de los trabajadores. Al mismo tiempo, la IA está creando nuevos tipos de empleos y demanda habilidades especializadas, incentivando una transformación en la educación y formación profesional.

Mejoras en Salud y Medicina

En el sector de la salud, la IA contribuye a diagnósticos más rápidos y precisos, tratamientos personalizados y gestión avanzada de la salud. Herramientas como los sistemas de diagnóstico asistido por IA y robots quirúrgicos están mejorando los resultados de los pacientes y optimizando el trabajo del personal médico.

Avances en Educación

La IA está personalizando la experiencia educativa al permitir sistemas de aprendizaje adaptativos que se ajustan al ritmo y estilo de aprendizaje de cada estudiante. Además, herramientas de IA están disponibles para ayudar en la tutoría, la gestión del aula y la automatización de tareas administrativas, permitiendo a los educadores centrarse más en la enseñanza.

Influencia en la Privacidad y la Ética

Mientras la IA ofrece numerosos beneficios, también plantea importantes preocupaciones éticas y de privacidad. El uso de datos personales para alimentar algoritmos de IA puede llevar a invasiones de privacidad, sesgos algorítmicos y decisiones automatizadas que afectan negativamente a los individuos. Esto ha generado un debate sobre la necesidad de regulaciones más estrictas y transparentes en el uso de la IA.

Transformación del Entretenimiento y los Medios

En el entretenimiento, la IA está personalizando la experiencia del usuario al recomendar contenido basado en preferencias individuales, y está asistiendo en la creación de música, arte y literatura. Los algoritmos de IA también están siendo utilizados para desarrollar juegos más complejos e inmersivos.   ↓

Impacto Social Amplio

La IA está contribuyendo a resolver problemas sociales complejos, desde el cambio climático hasta la gestión de desastres, mediante la optimización de recursos, la predicción de eventos y la automatización de respuestas en situaciones críticas. Además, la IA juega un papel crucial en la seguridad pública y la vigilancia, aunque esto también ha levantado preocupaciones éticas.

Conclusión

La influencia de la IA en la sociedad es profunda y multifacética, ofreciendo tanto oportunidades extraordinarias como desafíos significativos. Mientras que la tecnología continúa avanzando, la manera en que manejemos su desarrollo y integración en la sociedad determinará su impacto final en nuestro futuro colectivo.

Los prompts son una herramienta importante para interactuar con ChatGPT de manera efectiva y obtener los resultados deseados. Pueden ayudar a detallar las consultas, orientar el texto en la dirección deseada y asegurar que las respuestas sean coherentes en el contexto seleccionado. Pero también es importante conocer que la calidad de las respuestas generadas por ChatGPT dependen en gran medida del prompt proporcionado.

Pueden ser simples, como solicitar una definición de algún concepto o un tweet, o complejos, si pedimos a ChatGPT que haga un trabajo o un reportaje. La precisión y el detalle del prompt influyen directamente en la calidad y relevancia de la respuesta de ChatGPT. Los usuarios pueden afinar sus prompts para ajustar las respuestas hacia un tono o formato específico, haciendo de ChatGPT una herramienta extremadamente versátil para una variedad de aplicaciones, desde la asistencia al cliente hasta la creación de contenido creativo en el caso de las redes sociales.

10.1.1 Retroalimentación de sus propios prompts

Cuando el modelo recibe correcciones o comentarios sobre las respuestas que ha generado, en función de los prompts seleccionados, existe retroalimentación del mismo usuario o incluso de otros. Se usa para mejorar la precisión y la relevancia del contenido.

También es muy importante corregir las posibles respuestas que se den por error o que provoquen malentendidos porque no entienda el contexto. No es aconsejable ver esto como una cosa menor, ya que puede provocar el malestar de muchos clientes e incluso formar un escándalo que repercutiría de forma negativa a la marca.

Es una tarea tan sencilla como indicar el fallo al propio modelo, señalárselo y pedirle que vuelva a elaborar una respuesta con el contenido adecuado hasta que éste sea correcto. Debido a su memoria, este error no debería producirse en un futuro y tomará los datos y el contexto marcado como referencia.

Un ejemplo al pedir que elabore un tweet para un helado de chocolate que va a comercializarse en España.

¡Nuevo lanzamiento! 🍫🍨 Descubre nuestro helado de chocolate especialmente diseñado para deleitar a los españoles. Perfecto equilibrio entre tradición y sabor intenso. ¡No te pierdas la experiencia más dulce! #HeladoParaEspaña #ChocolateEspañol

Tras esto, se le pide que no haga distinciones por nacionalidad.

¡Nuevo lanzamiento! 🍫🍨 Descubre nuestro helado de chocolate, perfecto para todos los amantes del chocolate. Sabor intenso y tradicional que no te puedes perder. ¡Pruébalo y vive la experiencia más dulce! #HeladoDeChocolate #PlacerUniversal

La retroalimentación de ChatGPT con sus propios prompts es un componente clave del proceso de aprendizaje continuo del modelo. Cada vez que recibe nueva información, se adaptará para mejorar su rendimiento. Y, como consecuencia, será una mejor experiencia tanto para el usuario como para la empresa. Así que, recuerda: "Si haces "prompt", no hay stop".

10.2 PLUGINS EN CHATGPT

Los plugins en ChatGPT representan una extensión importante de sus capacidades, ya que permite interactuar de forma más específica y práctica más allá de la generación de texto. Los plugins permiten al modelo conectar con APIs externas, bases de datos y otros servicios digitales, aumentando sus capacidades. ¿Qué funciones se presentan?

Funcionamiento de los plugins

Se puede afirmar que los plugins son intermediarios entre el modelo de lenguaje y los servicios externos. Cuando un usuario hace una solicitud que requiere información externa, por ejemplo, ver el tiempo en una localidad o realizar una compra, ChatGPT utiliza el plugin correspondiente para realizar esa acción. Esto se hace a través de APIs que los plugins utilizan para comunicarse con los servicios externos.

Ejemplos de aplicaciones con plugins

- **Servicios de información**: plugins que conectan con APIs de información actual y resuelven dudas de todo tipo como el resultado de un partido de fútbol, la situación de la bolsa ese mismo día o el tiempo que va a hacer mañana.

- **Integraciones de comercio electrónico**: permiten a ChatGPT asistir a los usuarios en la búsqueda y la compra de productos en línea, interactuando con el stock de los productos, los carritos de compra o las diferentes promociones.

- **Gestión de reservas y citas**: ChatGPT puede utilizar plugins para realizar reservas ya sea en un restaurante, en el médico o en cualquier evento ya que conecta con los propios sistemas oficiales.

▶ **Herramientas empresariales**: integración con CRM (gestión de relaciones con clientes), ERP (planificación de recursos empresariales), y otras herramientas de software empresarial, ayudando a automatizar y responder a tareas relacionadas con negocios.

 ## CRM (Gestión de relaciones con clientes)

CRM significa "Customer Relationship Management" o gestión de relaciones con el cliente. Es una estrategia de negocios muy usada ya que su objetivo es entender y responder a las necesidades de los clientes. Ayuda a las empresas a interactuar con ellos, resolver sus dudas o problemas y guardar su información en la base de datos.

Sus principales funciones son centralizar la información de los clientes, hacer un seguimiento de las interacciones, gestionar las ventas, planificar campañas comerciales, elaborar informes y ocuparse de diferentes opciones de atención al cliente.

Con esto, se mejora la relación al cliente, lo que conlleva a un mayor número de ventas y unos resultados que hacen crecer a la marca, no solo económicamente, sino también en reputación e imagen. Además, según los datos obtenidos, se definirán las siguientes estrategias.

 ## ERP (Planificación de recursos empresariales)

ERP significa "Enterprise Resource Planning" o planificación de recursos empresariales. Este software se usa para gestionar y automatizar las principales funciones de un negocio en una plataforma integrada. Entre sus funciones principales están la automatización de las operaciones, la unificación de funciones, gestión de datos en tiempo real, elaboración de informes y análisis, gestión financiera y diversas planificaciones.

Sus beneficios son varios y destacan la eficiencia operativa, la ayuda en la toma de decisiones y la mejora en el cumplimiento de las regulaciones, fortaleciendo la seguridad de los datos.

El software ERP es esencial para las grandes empresas que necesitan integrar y gestionar numerosos procesos de negocio complejos en varias localizaciones o departamentos. Aunque su implementación puede ser costosa y requiere cambios significativos en los procesos de negocio existentes, los beneficios a medio/largo plazo, suelen salir rentables.

Beneficios de los plugins

▸ **Personalización**: adaptan las capacidades de ChatGPT a las necesidades específicas del usuario, mejorando la precisión de las respuestas.

▸ **Eficiencia**: hacen fácil lo difícil. Simplifican las diversas tareas que restarían tiempo a los usuarios, por lo que ofrecen una nueva forma de trabajar.

▸ **Interacción en tiempo real**: ofrecen respuestas basadas en datos en tiempo real, proporcionando un servicio más actualizado y útil.

Consideraciones de seguridad y privacidad

El uso de plugins conlleva consideraciones adicionales de seguridad y privacidad, ya que existe transferencia de datos entre ChatGPT y servicios externos. La autenticación y la encriptación ha de ser de manera segura para proteger toda la información de los clientes.

10.3 OTRAS FUNCIONES DE CHATGPT

10.3.1 Gráficas

ChatGPT, en sus inicios o en su modalidad básica, no tiene la posibilidad de crear gráficas. A través de varios plugins, herramientas externas o en las nuevas actualizaciones, como ChatGPT 4, sí que está configurado para estas funciones.

Un usuario puede interactuar con ChatGPT mediante un prompt específico como "¿Puedes mostrarme la evolución del precio del artículo XX el año pasado?". A la hora de interpretar la petición, determinaría que se necesita acceso a los datos de los precios del producto. Para acceder a los datos externos, ChatGPT usaría un plugin o una API externa si es algo genérico o que está en otra base de datos.

Cuando recibe los datos, los procesa y prepara para emitir la respuesta. En muchos casos, se necesitaría interactuar con herramientas de visualización como Google Charts o Plotly para crear la gráfica.

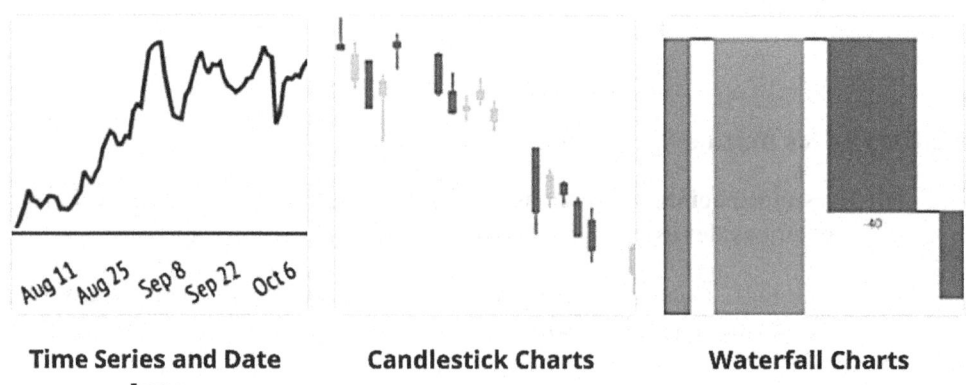

Time Series and Date Axes   **Candlestick Charts**   **Waterfall Charts**

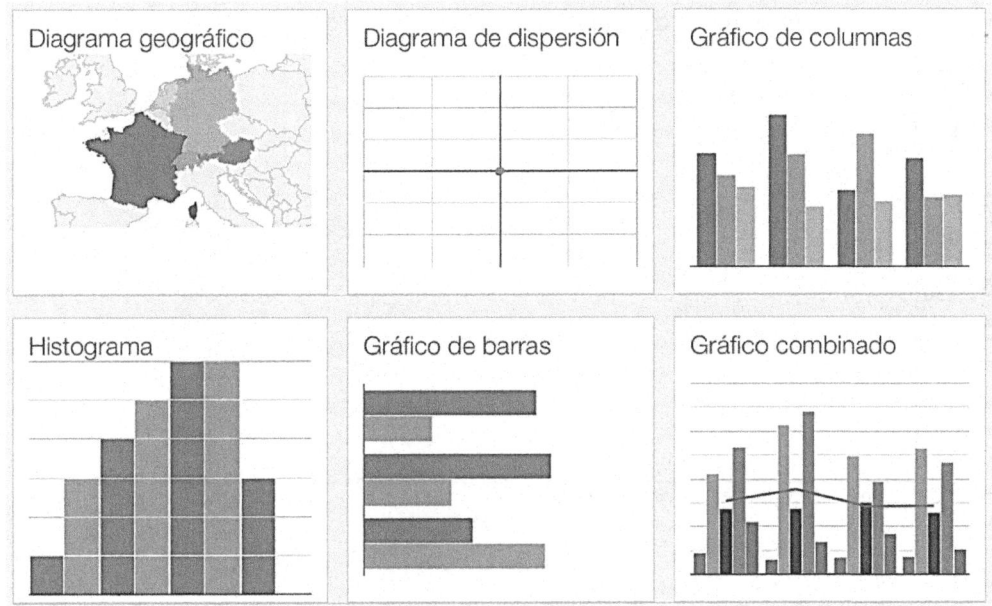

Una vez hecho todo, se presenta la gráfica al usuario. Las formas en que la puede presentar son varias, ya que puede ser una imagen o el enlace a una página web que la muestre.

Al pedir un ejemplo de gráfica, como no se han introducido datos específicos ni nada concreto, ha elaborado la evolución del precio del oro a lo largo de 12 meses.

Aquí tienes un ejemplo de gráfica que muestra la evolución del precio del oro a lo largo de 12 meses. Los precios son generados aleatoriamente para ilustrar cómo podría variar mes a mes, centrados en un valor promedio de aproximadamente 1800 USD. Esta gráfica de líneas, con marcadores en cada punto de dato, ofrece una visualización clara de las tendencias y variaciones en los precios a lo largo del año. (>-)

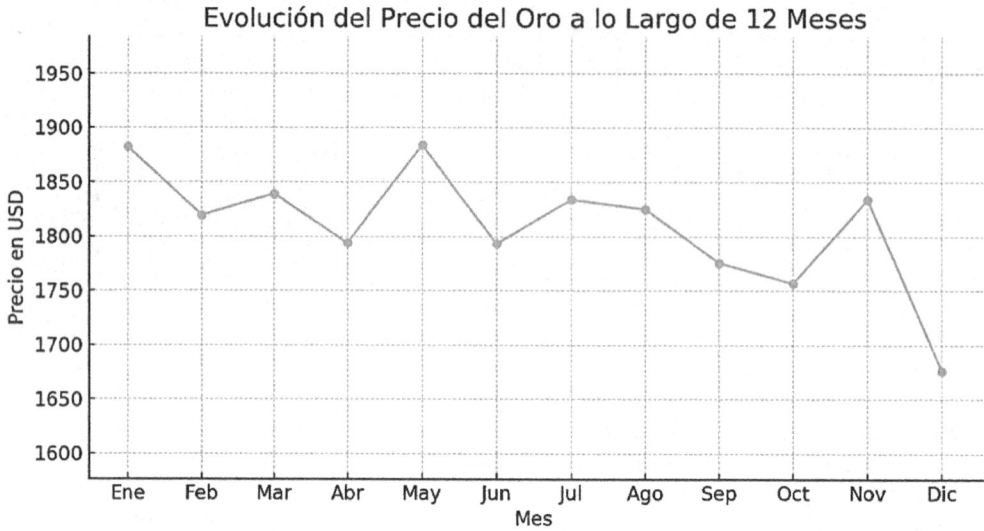

10.3.2 Informes

Se pueden solicitar informes a ChatGPT sobre diversos aspectos de la empresa. Tanto de evaluación de desempeño de los trabajadores como de ventas, incluso de logística y demás sectores. Para que sea lo más completo y ajustado posible, es necesario introducir y facilitar todos los datos a la herramienta. Si se obvia alguno de ellos, ChatGPT no podrá ofrecer un resultado correcto.

También se puede solicitar la elaboración de informes de las redes sociales, en las que además de los datos de la marca en los diferentes canales, se puede incluir un análisis de las tendencias, público activo y varias sugerencias para la mejora en la creación de contenido.

Tomando el ejemplo del precio del oro en los últimos 12 meses, se observa a través de dos imágenes una recreación de posibles tipos de informe.

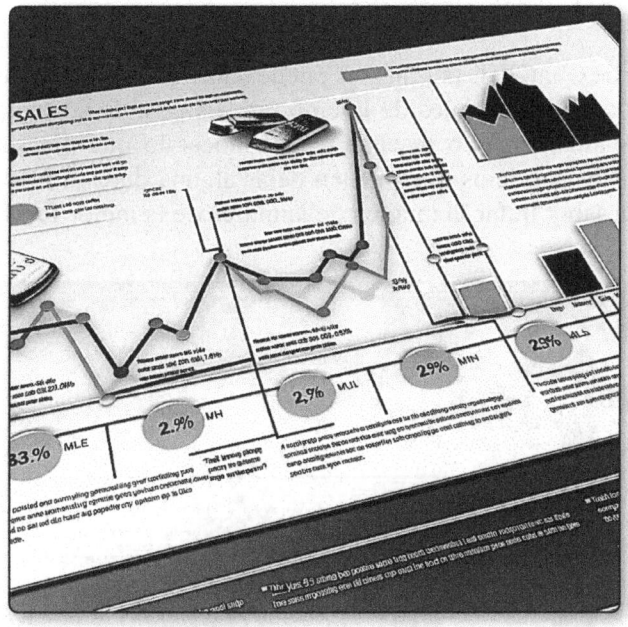

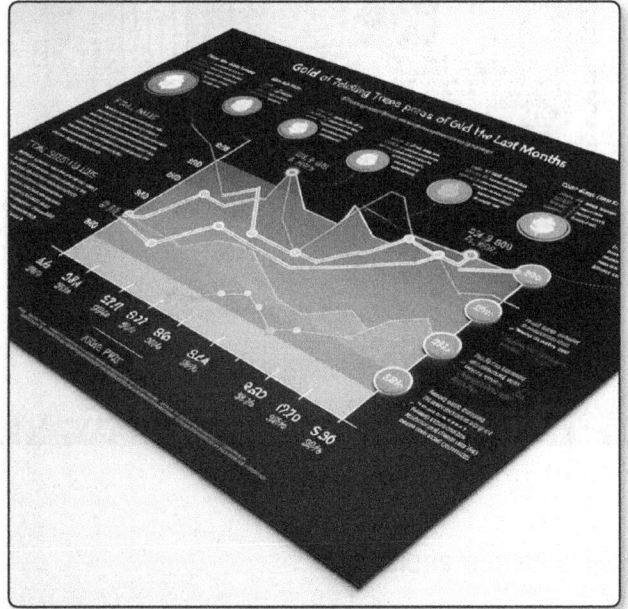

10.3.3 Análisis de la audiencia

A través de ChatGPT, también se puede hacer un estudio de los usuarios que interactúan con las redes sociales de la empresa. Es posible analizar los me gusta, comentarios, visualizaciones o reseñas para conocer lo que piensan los clientes. Ayuda a mejorar los servicios que puedan dejar alguna duda, a mantener lo que sí funciona bien y a saber tratar la imagen de la marca de la mejor forma posible.

10.3.4 Análisis de la competencia

Además de la audiencia, también se puede analizar la competencia. Imprescindible para generar estrategias de mercado y comparar la forma de actuar y resultados de una empresa similar. Lo que antiguamente, y aún hoy en día, se hacía yendo de incógnito a la competencia, actualmente es más fácil. Muy usado para comparar promociones y precios de los productos.

10.4 ACTUALIZACIÓN DE CHATGPT

Respecto a ChatGPT-3.5, la actualización de ChatGPT-4 llegó con mejoras muy importantes tras la llegada de ChatGPT en 2018. Una de las novedades más importantes es que ya analiza imágenes, por lo que se puede subir directamente un archivo y que nos dé detalles de la misma.

Nadie mejor que ChatGPT para definir las mejoras y la nueva actualización.

La última actualización de ChatGPT, basada en el modelo GPT-4, introduce mejoras significativas en términos de capacidad analítica y de procesamiento. Esta versión ofrece una ventana de contexto más amplia, permitiendo al modelo manejar conversaciones más largas y complejas. Además, integra aprendizaje reforzado mejorado, lo que mejora la personalización a través de interacciones con los usuarios. GPT-4 también es capaz de generar respuestas más precisas y detalladas en la programación, resolución de problemas complejos y análisis de texto avanzado, como la traducción y la síntesis de textos (pluralsight).

Como se ha visto, también es capaz de generar, además de otros elementos, imágenes. Es importante definir y detallar bien lo que se busca ya que muchas veces se generarán algunas que no gusten o que no se adapten a lo solicitado. Cuantos más detalles se pongan en la descripción, más exacto será el resultado.

Ejemplo 1

Elabora una imagen de una campaña de patatas fritas.

Ejemplo 2

Elabora una imagen de una campaña de patatas fritas con el nuevo sabor de pollo y la imagen de un pollo asado en la bolsa.

Para aprovecharse de esta ventaja en concreto, es necesario ser suscriptor de ChatGPT Plus. Precisamente, la herramienta va a detallarnos los cuatro planes existentes.

 **Texto generado por ChatGPT sin corregir**

▶ ChatGPT Free

- **Costo**: gratuito.

- **Accesibilidad**: acceso estándar a ChatGPT.

- **Capacidad**: capaz de manejar tareas básicas de generación de texto y diálogo.

- **Limitaciones**: puede experimentar limitaciones durante los períodos de alta demanda.

▶ **ChatGPT Plus**:

- **Costo**: $20 por mes.
- **Beneficios**: acceso general a ChatGPT, incluso durante los tiempos de mayor demanda.
- Tiempos de respuesta más rápidos.
- Acceso prioritario a nuevas características y mejoras.
- **Disponibilidad**: disponible a nivel mundial.

▶ **ChatGPT Team**:

- **Costo**: variable, diseñado para equipos y requiere al menos 2 usuarios.
- **Características**: espacio de trabajo dedicado para equipos.
- Gestión de equipo y facturación centralizada.
- **Orientación**: ideal para pequeñas empresas o equipos dentro de organizaciones más grandes.

▶ **ChatGPT Enterprise**:

- **Costo**: personalizado según las necesidades de la empresa.
- **Beneficios**: seguridad y privacidad mejoradas para manejar datos sensibles.
- Soporte y servicios personalizados para grandes empresas.
- Capacidad para manejar una gran cantidad de usuarios y tareas complejas a escala empresarial.
- En cualquier momento, podrás cambiar tu plan. Dependiendo de si se va a utilizar como particular o como empresa, estará mejor adaptado uno u otro. Valora los pros y los contras para elegir la mejor opción.

Free	Plus	Enterprise
$0 per person/month	$20 per person/month	
Try it now ↗	Upgrade now ↗	Contact sales
	Everything in Free, and:	Everything in Plus, and:
✓ GPT-3.5	✓ GPT-4*	✓ Unlimited high-speed GPT-4*
✓ Regular model updates	✓ Advanced Data Analysis*	✓ Longer inputs with 32k token context
	✓ Plugins*	✓ Unlimited Advanced Data Analysis
	✓ Early access to beta features	✓ Internally shareable chat templates
		✓ Dedicated admin console
		✓ SSO, domain verification, and analytics
		✓ API credits to build your own solutions
		✓ Enterprise data is not used for training
	*Usage capped at 50 messages every three hours	*Actual speed varies depending on utilization of our systems

10.4.1 prompts y su uso en redes sociales

Los **prompts** en ChatGPT son una opción poderosa para diseñar estrategias de marketing efectivas en redes sociales como Facebook, YouTube, Instagram y TikTok. ¿Cómo y para qué se utilizan?

▶ **Generación de contenido atractivo**: son usados para generar ideas de contenido innovadoras o para elaborar publicaciones directamente. Por ejemplo, para elaborar publicaciones o vídeos.

▶ **Personalización**: ayuda a personalizar el contenido teniendo en cuenta los gusto e intereses de la audiencia de cada plataforma, distinguiendo entre un contenido más informal en directo en TikTok o algo más llamativo y visual para Instagram.

▶ **Interacción con los usuarios**: los prompts facilitan la creación de respuestas automatizadas para interactuar con los usuarios en tiempo real. Esto es útil para mantener una comunicación activa con los seguidores y responder a sus comentarios y preguntas de manera eficiente.

▶ **Análisis de respuestas**: gracias a su habilidad para detectar "sentimientos", es capaz de examinar los comentarios y reacciones del público para proporcionar insights sobre cómo el contenido está siendo recibido. Esto permite a las empresas ajustar sus estrategias y mejorar la interacción con su audiencia.

▶ **Automatización de campañas publicitarias**: los prompts pueden ser programados para generar y optimizar anuncios en estas plataformas.

Al integrar los prompts de ChatGPT en las estrategias de marketing para redes sociales, las empresas pueden mejorar de manera efectiva su capacidad de *engagement*, personalización del contenido y eficiencia, adaptándose de manera efectiva a las distintas plataformas y necesidades de su público objetivo.

10.4.2 prompts y su importancia en el seo

Al usar los prompts en la estrategia de SEO (Search Engine Optimization) de una empresa se cambia la forma en que se crea contenido optimizado para explotar de forma efectiva los motores de búsqueda y la interacción en línea.

▶ **Generación de textos**: ChatGPT puede ayudar a generar contenido de alta calidad que esté optimizado para SEO. Mediante prompts específicos, ChatGPT puede producir descripciones, contenidos y titulares con palabras clave relevantes para que aparezcan en los primeros lugares de la búsqueda y llamen la atención de los usuarios. Es importante estructuras el contenido para que mejore la visibilidad en los motores de búsqueda.

▶ **Análisis de palabras clave**: con un entrenamiento adecuado, ChatGPT puede ser utilizado para analizar tendencias de palabras clave y sugerir términos de búsqueda que pueden ser efectivamente integrados en el contenido para mejorar la posición en las páginas de resultados de los motores de búsqueda (SERPs).

▶ **Optimización de backlinks**: ChatGPT puede ayudar a identificar oportunidades para adquirir backlinks de alta calidad. Esto puede incluir la generación de contenido que sea altamente enlazable o la creación de pitches para colaboraciones con otros sitios web relevantes.

 **¿Qué son los backlinks?**

Los backlinks, también conocidos como enlaces entrantes o enlaces externos, son hipervínculos en un sitio web que dirigen a los usuarios a otro sitio web. Son importantes para la optimización del SEO ya que se consideran una señal de relevancia. Las páginas web con un mayor número de backlinks están en la parte alta de las páginas de resultados de motores de búsqueda.

▶ **Local SEO**: para empresas que dependen del tráfico local, ChatGPT puede generar contenido localizado y específico que mejore la visibilidad en búsquedas locales. Esto significa crear páginas específicas de un área o ubicación o noticias propias de una región.

▶ **SEO técnico**: otra opción interesante es la de asistir en la creación de listas de tareas de SEO técnico, generar informes de errores de SEO detectados por herramientas de análisis y proporcionar explicaciones o sugerencias de corrección.

▶ **Respuestas automatizadas para mejorar la UX**: ChatGPT puede ser configurado para ofrecer respuestas automáticas a preguntas frecuentes en un sitio web, mejorando la experiencia del usuario y proporcionando contenido relevante y útil que los motores de búsqueda valoran.

La integración de ChatGPT en la estrategia de SEO de una empresa permite una aproximación más dinámica y adaptativa al SEO, potenciando la creación de contenido relevante y la optimización continua para motores de búsqueda, todo mientras se mejora la experiencia general del usuario en el sitio web.

10.4.3 Prompts en el diseño de campañas de marketing

También los prompts se usan para diseñar campañas de marketing mediante el envío de correos electrónicos, sms o cualquier otra notificación, como en las alertas que saltan cuando se tiene la app del comercio.

▶ **Análisis del cliente**: utilizar ChatGPT para analizar datos de clientes según comportamientos de compra, preferencias y datos de región. De esta forma, se podrán personalizar los mensajes de marketing de manera más efectiva. Así, se podrán crear diferentes alertas según el cliente.

▶ **Creación de contenido personalizado**: usar prompts para que ChatGPT genere contenido creativo y personalizado para correos electrónicos, mensajes de texto y otras notificaciones.

▶ **Planificación de campañas**: es necesario establecer prompts para que programen el envío de las promociones en los momentos en que los clientes estén más dispuestos a actuar. Es usual que muchos comercios envíen cualquier promoción en horario de noche, cuando mucha gente está tranquila ente en casa.

▶ **Análisis de resultados**: configurar ChatGPT para analizar el rendimiento de las campañas en tiempo real, monitoreando métricas como tasas de apertura, clics y conversiones.

▶ **Reputación**: es vital asegurarse de que los mensajes sean respetuosos y estén en sintonía con las expectativas de los clientes para mantener la reputación de la marca. De igual forma, configurar ChatGPT para que cerciore que todos los mensajes cumples las regulaciones de marketing.

▼ **Recopilación de opiniones**: desarrollar prompts que faciliten la recopilación de feedback directo de los clientes sobre las campañas de marketing, utilizándolo para mejorar continuamente las estrategias.

Al integrar ChatGPT en estos aspectos del marketing digital, las empresas pueden no solo aumentar la eficiencia y efectividad de sus campañas, sino también ofrecer una experiencia mucho más personalizada y atractiva a sus clientes.

10.4.4 Prompts en una web de empresa

La integración de ChatGPT mediante prompts específicos en un sitio web empresarial puede revolucionar la manera en que las empresas gestionan y presentan sus contenidos online.

▼ **Descripción de productos**: utilizar ChatGPT para generar descripciones de productos atractivas y detalladas que resalten las características y los beneficios clave. Los prompts pueden estar diseñados para asegurar que el tono y estilo se ajusten a la marca y no caigan ni en información errónea ni en un tono distinto al que se quiera usar.

▼ **Actualización continua**: configurar los prompts para que siempre haya información actualizada, ya sea en promociones vigentes o en presentar un stock real de un producto.

▼ **Creación de contenido**: emplear ChatGPT para escribir artículos informativos y de alta calidad que atraigan tráfico al sitio web. Acompañar a los productos de un reportaje o noticia suele llamar mucho la atención de forma positiva.

▼ **Ideas creativas**: usar ChatGPT para generar ideas y ayudar a mejorar la originalidad de la empresa. En la denominada lluvia de ideas, también debe estar presente.

▼ **Traducción**: ofrecer la traducción de los elementos de la web puede abrir la posibilidad de compra a clientes que no dominen o entiendan el lenguaje.

▼ **Personalización**: programar ChatGPT para sugerir productos o servicios adicionales basados en el historial de navegación y compra del usuario, aumentando las oportunidades de venta cruzada y complementaria.

▼ **Atención al cliente**: utilizar ChatGPT para proporcionar respuestas rápidas y precisas a preguntas frecuentes de clientes, como se ha visto en los ejemplos del chat de asistencia virtual.

▼ **Guía de navegación**: configurar ChatGPT para ayudar a los visitantes a navegar por el sitio web, proporcionando direcciones y sugerencias para mejorar la accesibilidad y la experiencia del usuario.

▼ **Análisis de competencia**: también es una herramienta que puede usarse para generar informes sobre cómo los competidores están posicionando sus productos y servicios, lo cual puede ser muy importante en las estrategias de contenido SEO.

Al implementar estos prompts y funcionalidades con ChatGPT, una empresa no solo mejora la eficiencia de su sitio web, sino también ofrecer una experiencia más rica y atractiva para los usuarios, lo cual es fundamental para convertir visitas en ventas y construir una base de clientes leal.

11

PROMPTS PARA REDES SOCIALES

11.1 INSTAGRAM

1. Crea una publicación destacando nuestro nuevo {{ producto/servicio }}.

2. Comparte una publicación que celebre nuestro recorrido empresarial y exprese gratitud a nuestro equipo.

3. Destaca a {{ miembro del equipo }} y su experiencia en {{ rol }}.

4. Escribe un título para un video que muestre un vistazo entre bastidores de nuestra empresa.

5. Celebra nuestro último logro: {{ logro/mérito }}.

6. Ofrece consejos o recomendaciones relacionadas con {{ tema }}.

7. Comparte una publicación que muestre los siguientes valores empresariales: {{ valores }}.

8. Promociona nuestro próximo evento: {{ evento }}.

9. Escribe un título para una imagen que ofrezca un adelanto de nuestro {{ producto }}.

10. Comparte un artículo relevante sobre {{ tema }} y agrega tu opinión al respecto.

11. Pide a nuestra audiencia su opinión o sugerencias para mejorar {{ producto/servicio }}.

12. Comparte las luchas y desafíos de ser un emprendedor.

13. Publica una cita inspiradora relacionada con los negocios.

14. Destaca nuestra propuesta única de venta.

15. Anuncia una promoción especial con un descuento del {{ porcentaje }}.

16. Escribe un título para un video que muestre un día en la vida de un {{ profesión }}.

17. Aborda las posibles dudas u obstáculos que nuestros clientes ideales pueden tener sobre el uso de {{ producto/servicio }}.

18. Comparte un mensaje inspirador sobre {{ tema }}.

19. Promociona nuestra última publicación de blog sobre {{ tema }}.

20. Muestra nuestro compromiso con {{ valores }}.

11.2 TIKTOK

1. ¿Quieres ver nuestro nuevo {{ producto/servicio }}? ¡Mira este vídeo!

2. ¡Celebrando nuestros logros junto a nuestro increíble equipo! 🎉

3. Conoce a {{ miembro del equipo }} y por qué son una pieza clave en nuestro éxito.

4. Descubre lo que sucede detrás de cámaras en nuestro día a día empresarial. #BehindTheScenes

5. ¡Un hito más alcanzado! 🎖 #Milestone

6. Consejos útiles sobre {{ tema }} en solo 60 segundos. #BusinessTips

7. Nuestros valores son nuestra brújula. #CompanyValues

8. ¿Estás listo para nuestro próximo evento? ¡Mantente atento para más detalles! 🔟

9. Echa un vistazo exclusivo a nuestro nuevo {{ producto }}. #SneakPeek

10. Mantente al día con las últimas noticias sobre {{ tema }}. 🖼

11. Queremos saber tu opinión sobre {{ producto/servicio }}. ¡Déjanos un comentario!

12. Los altibajos de ser un emprendedor. #EntrepreneurLife

13. "El éxito no es la clave de la felicidad. La felicidad es la clave del éxito."– Albert Schweitzer #BusinessQuote

14. Descubre qué nos hace únicos. #UniqueSellingPoint

15. ¡Obtén un {{ descuento }} en tu próxima compra! ¡No te lo pierdas!

16. Un día en la vida de un {{ profesión }}. ¡No te lo pierdas! #DayInTheLife

17. Abordamos las preocupaciones de nuestros clientes ideales sobre {{ producto/servicio }}. #FAQ

18. Inspirando a través de palabras. #Inspiration

19. Lee nuestro último blog sobre {{ tema }}. Enlace en la bio. #BlogPost

20. Nuestra dedicación a {{ valores }} nos define como empresa. #Commitment

11.3 FACEBOOK

1. ¡Nuestro nuevo {{ producto/servicio }} está aquí! ¡Descúbrelo ahora!

2. Celebrando nuestros logros y agradeciendo a nuestro equipo por su arduo trabajo.

3. Destacando a {{ miembro del equipo }} y su papel fundamental en nuestro equipo.

4. Únete a nosotros en un recorrido exclusivo por nuestras instalaciones. #BehindTheScenes

5. Orgullosos de alcanzar otro hito en nuestro camino. #Milestone

6. Consejos prácticos sobre {{ tema }} para ayudarte en tu viaje empresarial.

7. Nuestros valores fundamentales nos guían en cada paso del camino.

8. No te pierdas nuestro próximo evento. ¡Haz clic para obtener más información!

9. Obtén una vista previa de nuestro último {{ producto }}. #SneakPeek

10. Mantente informado sobre las últimas noticias y tendencias en {{ tema }}.

11. Queremos escuchar tus ideas y sugerencias sobre {{ producto/servicio }}. ¡Déjanos un comentario!

12. Los desafíos que enfrentamos como emprendedores nos hacen más fuertes.

13. Reflexionando sobre la sabiduría empresarial. #BusinessWisdom

14. Descubre lo que nos diferencia de la competencia. #USP

15. Oferta especial: ¡{{ descuento }} de descuento por tiempo limitado!

16. Descubre un día en la vida de un {{ profesión }}. #DayInTheLife

17. Abordamos tus preocupaciones y dudas sobre {{ producto/servicio }}. #CustomerCare

18. Inspirando a través de mensajes positivos. #Motivation

19. Lee nuestro último artículo de blog sobre {{ tema }}. Enlace en la descripción.

20. Nuestra empresa está comprometida con {{ valores }}. Únete a nosotros en esta misión. #Commitment

11.4 LINKEDIN

1. Presentando nuestro último {{ producto/servicio }}. ¡Descúbrelo ahora!

2. Celebrando nuestros logros empresariales y reconociendo el arduo trabajo de nuestro equipo.

3. Reconociendo a {{ miembro del equipo }} por su excepcional liderazgo en {{ rol }}.

4. Un vistazo exclusivo a nuestra empresa y cómo operamos detrás de cámaras.

5. Orgullosos de alcanzar un nuevo hito. ¡Gracias a todos por su apoyo!

6. Compartiendo conocimientos valiosos sobre {{ tema }} para emprendedores.

7. Nuestros valores son el corazón de nuestra empresa. #CorporateValues

8. Regístrate ahora para nuestro próximo evento. ¡No te lo pierdas!

9. Obtén una vista previa de nuestro último {{ producto }} antes del lanzamiento oficial.

10. Mantente al tanto de las últimas tendencias en {{ industria }}. #IndustryInsights

11. Queremos escuchar tu opinión sobre {{ producto/servicio }}. ¡Participa en la conversación!

12. Los desafíos y las lecciones aprendidas en el camino del emprendimiento.

13. Reflexionando sobre el liderazgo y la gestión empresarial. #LeadershipInsights

14. Descubre nuestra propuesta de valor única y cómo beneficia a nuestros clientes.

15. Oferta exclusiva para nuestros seguidores: ¡{{ descuento }} de descuento por tiempo limitado!

16. Un día en la vida de un {{ profesión }}. ¡Únete a nosotros en LinkedIn Live para ver más!

17. Abordamos las preguntas frecuentes y las inquietudes de nuestros clientes sobre {{ producto/servicio }}.

18. Inspirando a través de mensajes motivacionales sobre el éxito empresarial. #SuccessMindset

19. Lee nuestro último artículo sobre {{ tema }} y comparte tus pensamientos en los comentarios.

20. Nuestra empresa está comprometida con {{ valores }}. Únete a nosotros para hacer la diferencia. #CorporateResponsibility

11.5 X (TWITTER)

1. ¡Bienvenidos al futuro con IndraGran y nuestro innovador {{ producto/servicio }}!

2. Celebrando el éxito junto a nuestro equipo en IndraGran. ¡Gracias por ser parte de nuestra historia!

3. Reconociendo el talento y la dedicación de {{ miembro del equipo }} en IndraGran. #EquipoEstrella

4. Descubre lo que sucede detrás de cámaras en IndraGran con nuestro recorrido virtual. #BTS

5. ¡Más logros alcanzados en IndraGran! #Milestone #Innovación

6. Consejos rápidos y efectivos sobre {{ tema }} de la mano de IndraGran. #Emprendimiento

7. Nuestros valores nos definen en IndraGran. #ValoresEmpresariales

8. ¡No te pierdas nuestro próximo evento en IndraGran! #SaveTheDate

9. Obtén un adelanto exclusivo de nuestro próximo {{ producto }}. #SneakPeek

10. Mantente informado con las últimas noticias de IndraGran sobre {{ industria }}. #ActualidadEmpresarial

11.6 NOTAS DE PRENSA

1. **Presentación de Producto:** IndraGran presenta su último avance tecnológico con el lanzamiento del {{ producto/servicio }}.

2. **Celebración Empresarial:** IndraGran conmemora otro año exitoso, agradeciendo a su equipo por su dedicación y compromiso.

3. **Reconocimiento al Equipo:** IndraGran reconoce a {{ miembro del equipo }} por su destacada labor en {{ rol }}.

4. **Detrás de Cámaras:** IndraGran ofrece una visión interna de su empresa con un recorrido exclusivo por sus instalaciones.

5. **Hitos Alcanzados:** IndraGran celebra un nuevo logro, destacando su compromiso con la innovación y la excelencia.

6. **Consejos Empresariales:** IndraGran comparte valiosos consejos sobre {{ tema }} para emprendedores y profesionales del sector.

7. **Valores Corporativos:** los valores fundamentales de IndraGran guían su visión y su compromiso con la comunidad.

8. **Próximo Evento:** no te pierdas el próximo evento de IndraGran, donde se presentarán las últimas novedades y tendencias del sector.

9. **Vista Previa de Producto:** IndraGran ofrece un adelanto exclusivo de su próximo {{ producto }}, prometiendo innovación y calidad.

10. **Actualidad del Sector:** IndraGran comparte su análisis sobre las últimas noticias y tendencias en {{ industria }}.

11.7 PÁGINA WEB DE VENTA

1. **Destacando el Producto:** descubre el {{ producto/servicio }} que está revolucionando la industria con IndraGran.

2. **Historia Empresarial:** explora el viaje de IndraGran y celebra sus logros junto a nosotros.

3. **Equipo Estelar:** conoce a los miembros clave del equipo de IndraGran y su dedicación a la excelencia.

4. **Experiencia Exclusiva:** sumérgete en el mundo de IndraGran con un vistazo entre bastidores a través de fotos y videos.

5. **Hitos y Logros:** descubre los hitos más importantes en la historia de IndraGran y cómo hemos llegado hasta aquí.

6. **Consejos Profesionales:** aprende de los expertos en IndraGran con valiosos consejos sobre {{ tema }}.

7. **Valores Empresariales:** los valores centrales de IndraGran son la base de todo lo que hacemos. Descúbrelos aquí.

8. **Próximos Eventos:** mantente al tanto de los eventos y conferencias organizados por IndraGran.

9. **Vista Previa Exclusiva:** sé el primero en conocer nuestro próximo {{ producto }} antes de su lanzamiento oficial.

10. **Blog de Industria:** explora los últimos artículos y análisis sobre {{ tema }} en el blog de IndraGran.

11.8 ESLÓGANES DE RADIO O TELEVISIÓN

1. "IndraGran: impulsando la innovación hacia el futuro".

2. "En IndraGran, celebramos el éxito juntos".

3. "Descubre el talento que impulsa a IndraGran hacia el éxito".

4. "Detrás de cada gran empresa, hay una historia: conoce la nuestra en IndraGran".

5. "Un hito tras otro: IndraGran liderando el camino hacia la excelencia".

6. "Consejos de expertos para tu éxito empresarial, cortesía de IndraGran".

7. "Nuestros valores son el corazón de todo lo que hacemos en IndraGran".

8. "No te pierdas el próximo evento de IndraGran: ¡únete a la revolución!".

9. "Obtén un adelanto exclusivo de lo que está por venir con IndraGran".

10. "Sintoniza IndraGran para estar al tanto de las últimas noticias y tendencias".

11.9 TONOS DE VOZ PARA INDICACIONES DE CHATGPT

1. Formal y profesional.

2. Cálido y amigable.

3. Empático y comprensivo.

4. Conciso y directo al punto.

5. Divertido y humorístico.

6. Serio y respetuoso.

7. Inspirador y motivador.

8. Educativo e informativo.

9. Elegante y refinado.

10. Optimista y alentador.

11. Sereno y tranquilo.

12. Dinámico y enérgico.

13. Perspicaz y reflexivo.

14. Aventurero y explorador.

15. Innovador y creativo.

16. Práctico y utilitario.

17. Resuelto y decidido.

18. Respetuoso y cortés.

19. Persuasivo y convincente.

20. Formal, pero con un toque de humor.

21. Profundo y reflexivo.

22. Directo y sin rodeos.

23. Atento y considerado.

24. Sencillo y accesible.

25. Elegante y sofisticado.

26. Juguetón y lúdico.

27. Neutro y objetivo.

28. Humilde y modesto.

29. Cultural y diverso.

30. Transparente y honesto.

31. Analítico y meticuloso.

32. Inspirado y apasionado.

33. Centrado y concentrado.

34. Suave y gentil.

35. Pragmático y realista.

36. Paciente y compasivo.

37. Inquisitivo y curioso.

38. Directivo y autoritario.

39. Comprometido y dedicado.

40. Encantador y encantador.

41. Futurista y visionario.

42. Desafiante y provocativo.

43. Analítico y estratégico.

44. Humilde y humilde.

45. Eufórico y emocionante.

46. Tranquilo y relajado.

47. Reservado y discreto.

48. Aventurero y valiente.

49. Expresivo y apasionado.

50. Determinado y firme.

51. Descriptivo y detallado.

52. Racional y lógico.

53. Comprensivo y paciente.

54. Fresco y moderno.

55. Tradicional y clásico.

56. Fiable y confiable.

57. Directo al grano y sin rodeos.

58. Innovador y vanguardista.

59. Equilibrado y ecuánime.

60. Cauteloso y precavido.

61. Eufórico y jubiloso.

62. De apoyo y alentador.

63. Exigente y desafiante.

64. Culturalmente consciente.

65. Elegante y refinado.

66. Visionario y audaz.

67. Animado y enérgico.

68. Perspicaz y agudo.

69. Afectuoso y compasivo.

70. Sofisticado y chic.

71. Convincente y persuasivo.

72. Claro y conciso.

73. Motivado y enérgico.

74. Informal y relajado.

75. Observador y perceptivo.

76. Trabajador y diligente.

77. Digno y respetable.

78. Fuerte y decidido.

79. Sabio y prudente.

80. Ponderado y considerado.

81. Agradable y acogedor.

82. Exuberante y vibrante.

83. Encantador y encantador.

84. Audaz y valiente.

85. Amable y generoso.

86. Encantador y entrañable.

87. Modesto y reservado.

88. Cercano y accesible.

89. Original y creativo.

90. Transparente y sincero.

91. Alegre y optimista.

92. Formal y ceremonial.

93. Sobrio y sereno.

94. Alegre y jovial.

95. Irreverente y atrevido.

96. Comprometido y firme.

97. Elegante y pulido.

98. Contemplativo y meditativo.

99. Afable y cariñoso.

100. Perspicaz y astuto.

11.10 INDICACIONES PARA QUE CHATGPT AMPLIE EL CONTENIDO

1. Proporcione un análisis detallado de {{ tema }}.

2. Brinde más información sobre {{ tema }}, centrándose en {{ ángulo/subtema }}.

3. Describa la historia de {{ tema }}.

4. Redacte una publicación en redes sociales sobre los siguientes datos:

5. Finalice este párrafo: es un placer presentarles mi nuevo {{ nombre del producto }}, el cual puede asistirle en {{ beneficio }}.

6. Explique en una publicación en redes sociales la siguiente idea, proporcionando ejemplos específicos para ilustrarla:

7. Cree una publicación en redes sociales que amplíe las implicaciones de la siguiente declaración:

8. Redacte una publicación en redes sociales que amplíe el siguiente argumento, proporcionando contraargumentos:

9. Exponga su opinión sobre {{ tema }} y su relación con {{ tema relacionado }} en una publicación en redes sociales.

10. Genere una publicación en redes sociales que exponga la importancia de {{ concepto/idea }}.

11. Elabore una publicación en redes sociales que extienda los diferentes enfoques para resolver {{ problema }}.

12. Explique en una publicación en redes sociales los posibles resultados de {{ evento/situación }}.

13. Redacte una publicación en redes sociales que amplíe la siguiente cita y su relación con {{ tema }}:

14. Cree una publicación en redes sociales que expanda la siguiente afirmación y proporcione evidencia que la respalde:

15. Describa en una publicación en redes sociales la relevancia de {{ tema }} en la sociedad contemporánea.

16. Expanda en una publicación en redes sociales las diversas teorías relacionadas con {{ concepto/idea }}.

17. Genere una publicación en redes sociales que extienda la siguiente analogía y su aplicabilidad a {{ tema }}:

18. Redacte una publicación en redes sociales que expanda el impacto de {{ evento/desarrollo }} en {{ campo/industria }}.

19. Cree una publicación en redes sociales que amplíe la siguiente estadística y su significado para {{ tema }}:

20. Desarrolle en una publicación en redes sociales la {{ tendencia }} y cómo podría evolucionar en el futuro.

21. Elabore una publicación en redes sociales que analice los factores que contribuyen al {{ problema/éxito }}.

22. Cree una publicación en redes sociales que desmitifique la siguiente idea errónea y ofrezca aclaraciones:

23. Genere una publicación en redes sociales que exponga las implicaciones éticas de {{ acción/decisión }}.

24. Describa en una publicación en redes sociales la importancia de considerar {{ factor }} al {{ tarea/acción }}.

25. Redacte una publicación en redes sociales que explore los diversos usos de {{ herramienta/aplicación }}.

26. Cree una publicación en redes sociales que expanda la siguiente afirmación y proporcione contraargumentos:

27. Elabore una publicación en redes sociales que analice los diversos factores que influyen en el {{ comportamiento del consumidor/empleado }}.

28. Genere una publicación en redes sociales que exponga el impacto de {{ profesión/industria }} en nuestra sociedad.

29. Cree una publicación en redes sociales que amplíe las distintas perspectivas sobre {{ concepto/idea filosófica }}.

30. Redacte una publicación en redes sociales que analice la {{ tendencia }} y su relación con {{ valores culturales/sociales/políticos }}.

11.11 GENERAR NOTICIAS POR CHATGPT

Tipo de Comunicación	Contenido
Presentación de Producto	IndraGran presenta su último avance tecnológico: el {{ producto/ servicio }}. Descubre cómo esta innovación puede transformar tu negocio.
Celebración Empresarial	Celebramos otro año de éxito en IndraGran y queremos agradecer a nuestro increíble equipo por su dedicación y esfuerzo. Juntos, hemos logrado grandes cosas.
Reconocimiento al Equipo	En IndraGran, reconocemos y valoramos el trabajo excepcional de {{ miembro del equipo }} en su rol como {{ rol }}. Su compromiso y dedicación son ejemplares para todos nosotros.
Detrás de Cámaras	Únete a nosotros para un recorrido exclusivo detrás de escena en IndraGran. Descubre cómo operamos y lo que nos impulsa a alcanzar el éxito.
Hitos Alcanzados	IndraGran celebra un nuevo logro importante: {{ logro/mérito }}. Este hito es un testimonio de nuestro compromiso con la excelencia y la innovación.
Consejos Empresariales	Descubre valiosos consejos y estrategias sobre {{ tema }} en la última publicación de nuestro blog de IndraGran.
Valores Corporativos	En IndraGran, nuestros valores de {{ valores }} son el núcleo de nuestra cultura empresarial. Nos guían en todo lo que hacemos.
Próximo Evento	No te pierdas nuestro próximo evento en IndraGran, donde compartiremos ideas innovadoras y tendencias emergentes en {{ industria }}.
Vista Previa de Producto	Obtén una exclusiva vista previa de nuestro próximo {{ producto }} antes de su lanzamiento oficial en IndraGran.
Actualidad del Sector	Mantente actualizado con las últimas noticias y análisis sobre {{ tema }} en el informe trimestral de IndraGran.

11.12 VERBOS PARA INDICACIONES DE CHATGPT

1. Analizar

2. Sugerir

3. Explicar

4. Generar

5. Ofrecer

6. Describir

7. Proponer

8. Ayudar

9. Facilitar

10. Guiar

11. Brindar

12. Presentar

13. Resolver

14. Comentar

15. Destacar

16. Clarificar

17. Ampliar

18. Compartir

19. Identificar

20. Apoyar

21. Enfatizar

22. Revisar

23. Adaptar

24. Evaluar

25. Esclarecer

26. Ilustrar

27. Abordar

28. Analizar

29. Discutir

30. Aclarar

31. Responder

32. Explorar

33. Señalar

34. Contrastar

35. Investigar

36. Examinar

37. Elaborar

38. Detallar

39. Expresar

40. Plantear

41. Considerar

42. Subrayar

43. Enumerar

44. Comparar

45. Demostrar

46. Enfocar

47. Concluir

48. Argumentar

49. Facilitar

50. Interpretar

11.13 PUBLICACIONES PROMOCIONALES EN REDES SOCIALES

1. Anuncio de un nuevo producto o servicio.

2. Oferta especial por tiempo limitado.

3. Sorteo o concurso para ganar un premio.

4. Publicación de testimonios de clientes satisfechos.

5. Publicación de un video tutorial sobre cómo usar tu producto.

6. Descuento exclusivo para seguidores de redes sociales.

7. Publicación de un infográfico con datos interesantes sobre tu industria.

8. Compartir una historia detrás de escena sobre tu marca.

9. Invitación a un evento en línea o presencial.

10. Demostración en vivo de tu producto o servicio.

11. Publicación de una oferta de "Compra uno, lleva otro gratis".

12. Publicación de un código de descuento exclusivo para seguidores.

13. Compartir reseñas de influencers sobre tu producto.

14. Encuesta o cuestionario interactivo para obtener retroalimentación de los seguidores.

15. Publicación de un video testimonial de un cliente satisfecho.

16. Anuncio de una colaboración con otra marca.

17. Publicación de una lista de consejos útiles relacionados con tu producto o industria.

18. Flash sale de último minuto.

19. Lanzamiento de una edición limitada de un producto.

20. Publicación de un artículo de blog sobre un tema relevante para tu audiencia.

21. Oferta de envío gratuito para pedidos realizados durante un período específico.

22. Anuncio de una nueva función o actualización de tu producto.

23. Compartir una historia de éxito de un cliente.

24. Publicación de un gráfico comparativo entre tu producto y el de la competencia.

25. Descuento especial para clientes que se suscriban a tu boletín informativo.

26. Invitación a un webinar gratuito relacionado con tu industria.

27. Publicación de un meme relacionado con tu producto o marca.

28. Anuncio de una asociación con una organización benéfica.

29. Publicación de una encuesta para que los seguidores elijan el próximo producto que lanzarás.

30. Publicación de un video detrás de escena mostrando el proceso de fabricación de tu producto.

31. Oferta de una prueba gratuita de tu servicio por un período limitado.

32. Anuncio de una colaboración exclusiva con un influencer.

33. Publicación de una guía paso a paso sobre cómo sacar el máximo provecho de tu producto.

34. Publicación de un testimonio de un cliente destacado.

35. Descuento por referir a un amigo.

36. Publicación de un caso de estudio detallando cómo tu producto ayudó a un cliente.

37. Oferta de un regalo gratuito con cada compra.

38. Compartir una historia inspiradora relacionada con tu marca.

39. Publicación de una infografía que muestre estadísticas relevantes de tu industria.

40. Anuncio de una preventa exclusiva para seguidores de redes sociales.

41. Concurso de fotos para que los seguidores compartan imágenes usando tu producto.

42. Publicación de una lista de reproducción de música relacionada con tu marca o producto.

43. Oferta de un descuento por tiempo limitado para celebrar un hito de seguidores en redes sociales.

44. Publicación de un video de preguntas frecuentes sobre tu producto.

45. Invitación a un evento de lanzamiento virtual.

46. Descuento especial para clientes que dejen una reseña en línea.

47. Publicación de un tutorial paso a paso sobre cómo resolver un problema común relacionado con tu producto.

48. Anuncio de una oferta de "Compra ahora, paga después".

49. Compartir un video testimonial de un empleado feliz.

50. Publicación de un mensaje de agradecimiento a tus seguidores por su apoyo continuo.

11.14 ANUNCIOS EN REDES SOCIALES

1. Genere un anuncio en redes sociales que resalte una oferta promocional exclusiva. Emplee frases que creen una sensación de urgencia para incentivar a los clientes a realizar su compra de inmediato.

2. Redacte un anuncio en las redes sociales que presente un nuevo producto o servicio a los clientes. Utilice un lenguaje que enfatice las características y beneficios distintivos del producto, generando así entusiasmo en torno a su lanzamiento.

3. Elabore un anuncio en las redes sociales destinado a generar clientes potenciales para un producto o servicio específico. Utilice un lenguaje dirigido a su cliente ideal y resalte los beneficios que ofrece dicho producto o servicio.

4. Escriba un anuncio en las redes sociales que dirija el tráfico hacia un sitio web específico. Utilice un lenguaje que despierte la curiosidad y anime a los clientes a hacer clic para obtener más información.

5. Formule un anuncio en las redes sociales que aborde una preocupación o necesidad del cliente y promueva una solución en forma de producto o

servicio. Utilice un lenguaje empático que reconozca las necesidades de los clientes y posicione su oferta como la solución ideal.

6. Cree un anuncio en las redes sociales que destaque el impacto del uso de un producto o servicio en un campo profesional específico. Utilice un lenguaje que resalte los beneficios y cómo la oferta puede ser de ayuda en dicho contexto.

7. Elabore un anuncio en las redes sociales basado en la siguiente descripción del producto o servicio.

8. Genere un texto de anuncio en las redes sociales que promueva una oferta por tiempo limitado. Emplee un lenguaje que genere una sensación de urgencia y anime a los clientes a actuar con prontitud.

9. Redacte un texto de anuncio que atraiga a su cliente ideal y lo anime a adquirir su producto o servicio, incrementando así el tráfico y las ventas.

10. Elabore un anuncio que genere una sensación de urgencia y FOMO (miedo a perderse algo) entre su cliente ideal, destacando ofertas y promociones exclusivas para su producto o servicio.

11. Genere un anuncio que aproveche la autenticidad y la relación de su marca para conectar con su cliente ideal y persuadirlo para que realice la acción deseada en su producto o servicio.

12. Redacte un anuncio que aproveche la prueba social y la credibilidad de su marca para convencer a su cliente ideal de que pruebe su producto o servicio y comparta su experiencia positiva con sus seguidores.

13. Formule un anuncio que resalte la autoridad y la experiencia de su marca para educar a su cliente ideal sobre los beneficios de su producto o servicio y persuadirlo para que realice una compra.

14. Cree un anuncio que ofrezca un adelanto de los próximos productos o servicios para generar anticipación y entusiasmo entre su cliente ideal. Incluya también un llamado a la acción claro y convincente.

15. Elabore un anuncio que muestre las experiencias únicas y personales de su cliente ideal con su producto o servicio y lo anime a compartir su reseña positiva con sus seguidores.

16. Genere un anuncio que incluya el testimonio de un cliente, utilizando un lenguaje que resalte la experiencia positiva del cliente y anime a otros a probar su producto o servicio.

17. Redacte un anuncio que promueva un próximo evento, utilizando un lenguaje que genere entusiasmo y anime a los clientes a registrarse o asistir.

18. Formule un anuncio que promueva una prueba gratuita para su producto o servicio, utilizando un lenguaje que resalte los beneficios y anime a los clientes a probarlo.

19. Elabore un anuncio que promueva una promoción de temporada, utilizando un lenguaje que vincule la promoción con la temporada y genere entusiasmo.

20. Genere un anuncio que promueva un programa de referencias, utilizando un lenguaje que resalte los beneficios y anime a los clientes a recomendar a sus amigos.

11.15 PUBLICACIONES DIVERTIDAS EN REDES SOCIALES

1. ¿Sabías que mi planta de interior tiene más seguidores en Instagram que yo? 🌿 #PlantaFamosa #GreenLife

2. ¿Quién más se siente como un malabarista tratando de equilibrar el trabajo, el sueño y el tiempo de ocio? 🤹 #Equilibrio

3. La única lista de cosas que estoy haciendo crecer es mi lista de películas por ver en Netflix. 🍿 #NetflixAndChill

4. A veces, me pregunto si mis vecinos creen que tengo una fiesta todas las noches o si solo disfruto mucho la música. 🎧🎵 #VecinosMisteriosos

5. Hoy mi nivel de productividad alcanzó el récord mundial... de siestas consecutivas. 💤 #SiempreEnElTop

6. La vida es como un bol de cereal: a veces estás lleno de alegría y otras veces solo quieres que se acabe. 🥣 #DesayunoFilosófico

7. ¿Soy la única que cuenta las horas hasta el viernes el lunes por la mañana? #LunesBlues

8. Creo que mi armario tiene un agujero negro donde desaparecen todos mis calcetines... 🧦🧦 #MisterioDelArmario

9. Intenté hacer ejercicio, pero me di cuenta de que mi cuerpo está en modo "modo de ahorro de energía". 💪🔋 #FitFail

10. Estoy convencido de que mi gato tiene una vida secreta como agente secreto cuando no estoy mirando. 🐱🕵️ #GatoEspía

11. ¿Alguien más se siente como si estuviera viviendo en un episodio interminable de "Días de Nuestras Vidas"? 📺 #TelenovelaReal

12. Cuando compro cosas online, siento que estoy teniendo una aventura, especialmente cuando llega el paquete y ni siquiera recuerdo qué pedí. 📦📦 #ComprasOnline

13. He descubierto que el café no solo me despierta, también me ayuda a fingir que me importa lo que estoy haciendo. ☕😄 #CaféConPropósito

14. Alguien debería inventar una aplicación que nos diga qué hacer con los restos de comida en el refrigerador antes de que se conviertan en una ciencia experimental. 🥦🔬 #InventosNecesarios

15. ¿Alguien más usa el tiempo que debería dedicar a dormir para planificar la siesta del día siguiente? 😴💤 #Prioridades

16. No estoy diciendo que soy un superhéroe, pero todavía no he visto a Batman y a mí en la misma habitación. 🦇😏 #IdentidadSecreta

17. Me pregunto si las máquinas de lavar hacen una fiesta con todos los calcetines que "pierden". 🧦🎉 #FiestaDeLaLavandería

18. La única forma en que voy a alcanzar mis metas de fitness es si empiezo a contar mis risas como abdominales. 😂💪 #RisasEnForma

19. ¿Alguien más siente que está fingiendo ser un adulto exitoso? Pregunto para un amigo... 😬🏢 #Adulting101

20. Me gustaría poder intercambiar mis habilidades de hacer listas de tareas pendientes por algo más útil, como la capacidad de doblar el espacio-tiempo. 📝🌀 #SuperpoderesDeOficina

21. ¿Es solo a mí, o a veces siento que mis sueños son solo películas malas en las que soy el protagonista? 🎬🎞️ #NoEsOtraPelículaMala

22. "Mañana voy a hacer ejercicio", dije ayer... y anteayer... y el día anterior... 😅🏃 #PosponiendoElFitness

23. ¿Alguien más tiene una relación amor-odio con el botón de "snooze" en la alarma del despertador? ⏰😴 #LaBatallaMatutina

24. ¿Por qué la pizza cuadrada se sirve en una caja redonda? 🍕😕 #PreguntasParaLaHumanidad

25. No estoy diciendo que soy un experto en procrastinación, pero he encontrado formas muy creativas de evitar el trabajo. 🛋️📺 #ProcrastinationPro

26. Mis habilidades culinarias se resumen en: saber ordenar la comida para llevar sin mirar el menú. 🍔📱 #MasterChef

27. ¿Alguien más se siente como si hubiera perdido la cuenta de los días desde que empezó el año? 📅😵 #TiempoConfuso

28. ¿Soy el único que se siente como un detective de la vida cotidiana cuando intenta descubrir quién dejó los platos sucios en el fregadero? 🍽️🕵️ #MisterioDoméstico

29. Creo que el superpoder más subestimado sería la capacidad de encontrar siempre el control remoto. 📺🔍 #SuperPoderesDomésticos

30. Cuando estoy cansado, mi superpoder es encontrar cualquier superficie lo suficientemente cómoda para una siesta improvisada. 💤💪 #SiestaEnCualquierLugar

Este libro ha sido creado con la ayuda de las herramientas ChatGPT-4 y la plataforma de diseño y comunicación Canva.

SÍGUENOS EN INSTAGRAM Y ACCEDE GRATIS A NUESTRA BIBLIOTECA DIGITAL DURANTE 30 DÍAS.

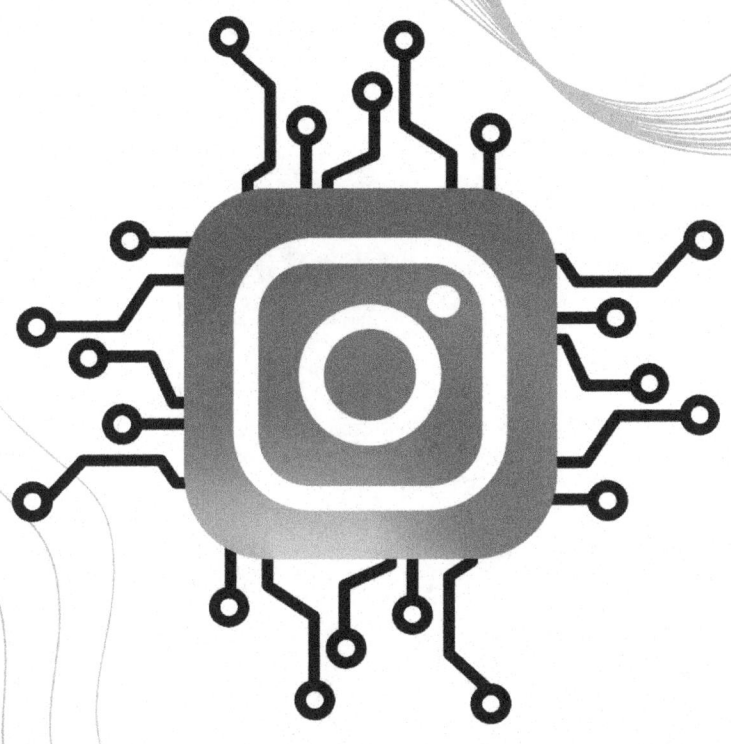

@grupoeditorialrama

¡ENVIANOS TU MAIL POR PRIVADO!

Grupo Editorial
ra-ma

40 ANIVERSARIO